役所のしくみ

久保田章市

日経プレミアシリーズ

はじめに

世の中には、企業や団体など多くの組織があります。その組織は、どんなしくみで、どんな仕事をしているのか。外から見て、比較的すぐに分かる組織もあれば、よく分からない組織もあります。私たちにとって身近な存在なのに、よく分からない組織の一つが、市町村などの「地方の役所」ではないかと思います。皆さんは、次の疑問に答えることができるでしょうか？

- 市町村と都道府県の役割はどう違うのか？
- 都道府県は47あるが、いつ、そうなったのか？
- 市町村の「平成の大合併」は、なぜ行われたのか？
- 役所では「お役所仕事」だとか「前例主義」だと聞いたことがあるが、実際はどうか？
- 市町村長と市町村議会は、どのような役割を担っているのか？
- 市町村長や市町村議会議員はどのような活動をしているのか？　待遇はどうか？

実は私は、市長になる前、恥ずかしながらこのような疑問を持つこともなく、当然、その答えをほとんど知りませんでした。

私は、大学を卒業して都市銀行に勤務し、50歳を過ぎて大学教授に転身しました（専門は中小企業経営）。そして、約12年前、大学教授を辞め、40年以上過ごした首都圏を離れて、生まれ育った浜田市（島根県）にUターン、市長選挙に立候補し、浜田市長になりました。よく、「政治家の家系ですか？」と聞かれますが、私の家系には親戚も含め政治家は一人もいません。縁あって市長になったものの、まさか自分が地方政治の世界に飛び込むとは思ってもいませんでした。

世の中には、内側に入らないと分からないことが沢山あります。市長になった当初は、見るもの聞くもの、すべて初めてのことばかりでした。市役所という職場で働き始め、職員と共に政策や施策に取り組み、年に何回か開催される市議会に出席し、県庁や霞が関の官庁に出向いて相談し、話を聞く中で、「えっ、そうだったの？」と思うことがしばしばありました。

本書は、「地方政治」や「地方の役所」について、私が市長になって知ったこと、体験したことを本にしたものです。

本書を書き始めたのは約1年前からです。親しい人に、「今、本を書いています」と話すと、ほとんどの人から「忙しいのに、よく書けますね」と言われます。実は、数年前から、日々の活動の中で気づいたことや新たに知ったことを小型ノートに書き綴っていました。このノートを基に、本の構成を考え、参考になる文献や資料を読み、根拠法などを調べて、書き上げたのが本書です。

本書は、地方政治や地方の役所について書いたものですが、正確を期すために、できる限り根拠法やデータを明示するように努めました。しかし、専門書ではありませんので、読者の皆さんに気軽に読んでもらえるように、できるだけ事例やエピソードを交えて書いたつもりです。

本書は、いわば「地方自治の入門書」です。本書を読んでいただければ、地方政治や地方の役所について、おおよそのことは分かっていただけるものと思います。読んでいただきたいのは、現職の市町村長、地方議会議員、自治体職員はもとより、将来、地方政治での活躍を考えている人、地方公務員を目指している人、そして、地方自治に関心のある学生や、役所のしくみに興味のあるすべての皆さん方です。

一人でも多くの人に本書を読んでいただき、地方政治や地方の役所に関心を持ち、読者の皆さんの中から、将来、地方のために活躍する人が増えれば嬉しく思います。

2025年3月

浜田市長　久保田章市

目次

第2章 そうだったのか地方自治体

第3章

首長《くびちょう》と議会が2大プレーヤー

市町村が大合併に向かった大きな動機
平成の大合併は西日本のほうが進んだ
合併後の融和に必要な膨大なエネルギーと時間
村が町に、町が市になるための要件
政令指定都市とは何か？
人口20万人以上の中核市と施行時特例市
役所の組織は、どうなっているのか
市のトップである「市3役」の役割
「憲法の尊重」と「全体の奉仕者」を宣誓する
日本全国の市長が結集して政府に要望

地方自治体のトップを「首長」と言う
予算を提出できるのは首長だけ
予算の最終決定者は議会

第4章

地方自治体は常に財源不足

議員のなり手不足対策には報酬の引き上げも
都道府県知事の約６割は官僚出身
大都市の市長は官僚と県議会議員出身が多い
一般市は半分強が地方議員出身
市長への王道は

自治体財政の基本は収入と支出
国の動きに合わせる自治体の予算編成
地方自治体は構造的に財源不足
財源不足を補う地方交付税と国庫支出金
むやみに発行できない地方債
過疎自治体になれば発行できる有利な過疎債
実例で見る自治体の予算
自治体も、歳入を増やす努力が必要

第5章

役所が取り組む「施策」とは

第6章

首長になる前に知っておきたいこと

第 1 章

役所勤めは
つらいよ

役所への転職者が語る「こんなに大変とは……」

「市役所の仕事」と聞くと、「安定した職場」「民間より楽そう」とイメージされる方もいらっしゃると思います。

「安定した職場」――。これはその通りです。市役所は、市民サービスを将来にわたって担い続けなければなりません。そのためには永続する組織であること、つまり、「安定した職場」でなければならないのです。しかし、「民間より楽そう」は、ちょっと違うと思います。

渥美清さん演ずるフーテンの寅さんが登場する下町人情劇の映画に「男はつらいよ」があります。山田洋次監督が48作もつくった名作です。この映画になぞらえて言えば、市役所職員の多くが感じているのは、「役所勤めはつらいよ」だと思います。

私は、市長になって社会人経験者採用に力を入れています。その社会人経験者として浜田市が採用したのがAさんという女性です。Aさんは地元の高校を卒業して東京の大学に進学。卒業後、故郷の地方銀行に就職しました。明るく朗らかで、顧客宅を訪問し金融商品をセールスする仕事でした。民間企業で働くご主人との間に二人のお子さんがいます。

銀行員時代のAさんは、ご夫婦交代で朝、子供を保育園に預けて出勤。夕刻、バタバタと仕事を終えて、保育園に子供を迎えに行くのが日課でした。銀行勤めをしながらの子育ては大変で、「こんな生活、長くは続かない」と、転職を考え始めました。しかし、小さな地方都市です。銀行を辞めてまで転職したい企業は、そんなに多くはありません。

そんな時、目についたのが市役所職員の中途採用の募集です。「市役所の仕事だから楽だろう。子育てとも両立できるはず」と考えて応募しました。採用試験に合格。晴れて、浜田市役所の職員になりました。

配属されたのは、銀行勤務経験を考慮され、産業経済部。当時、市が力を入れていた萩・石見空港の利用促進の担当になりました。萩・石見空港の東京便は１日２便ですが、これを維持するには、政策コンテストで目標乗客数を上回らなければなりません。他市町と協力して利用促進策を考えるだけでなく、市独自の支援策として、空港利用者に対する市共通商品券の交付や空港最寄り駅までのＪＲ運賃助成などの事業を任されました。

Ａさんの思惑は外れました。８時30分の始業から17時15分の終業まで、受付窓口に来られた市民からの市共通商品券や運賃助成の申請への対応に加えて、市共通商品券の管理、データ集計もしなければなりません。利用促進策についての打ち合わせなどもあります。定時に帰れる日はほとんどありません。

「銀行の仕事も大変だったけど、市役所はもっと大変」。Aさんは、転職後、親しい友人にそう話していたそうです。

ふるさと納税担当者の大みそか、紅白終了前の帰宅が目標

今、各自治体は「ふるさと納税」に力を入れています。2008年に始まった制度で、「納税」と言われていますが、実際には地方自治体への「寄附」です（浜田市では「ふるさと寄附」と言っています。制度のしくみは第4章で詳しく説明します）。

浜田市では、2008年の制度開始時からいち早く取り組んでいます。当初は、純粋に自主財源の確保が目的でした。

2010年に10万円以上の寄附者に、お礼に伝統芸能「石見《いわみ》神楽《かぐら》カレンダー」を贈りました。2012年からは1万円以上の寄附者に地元産品を贈るようになりました（当時は15品目）。2014年からはポータルサイトの活用を開始し、クレジット納付も始めました。寄附者への返礼品も86品目に増えました。ふるさと納税が増えれば増えるほど返礼品の提供事業者は売上増となり、喜ばれました。

ふるさと納税を担当しているのが「ふるさと寄附推進室」です。室長以下5人の職員が連

日活動しています。返礼品の提供事業者の開拓、新規返礼品の開発支援、ポータルサイト事業者との交渉・連絡・調整、寄附者からの問い合わせ対応などの仕事です。推進室の壁には、「昨日までの寄附額」を記載した実績ボードが掲げられています。民間企業で言えば、「営業部門」の雰囲気です。

毎年12月は、寄附者がその年に払う税金還付を受けることのできる期限の月です。このため12月には寄附が集中します。市役所の仕事は12月28日が仕事納めですが、ふるさと寄附推進室の職員は、12月31日の夜遅くまで働いています。寄附の受付、寄附者からの問い合わせやトラブルが起こった時への対応などのためです。推進室の職員は、大みそかのＮＨＫ紅白歌合戦が終わる前の帰宅を目標にしています。

台風や大雨には泊まり込みで対応

「災害は忘れた頃にやってくる」は、夏目漱石門下の随筆家で物理学者、寺田寅彦さんの言葉だと言われています。しかし、最近は、「災害は、忘れる間もなくやって来る」のような気がします。日本は地震の多い国です。近年、数年おきに大きな地震が発生しています。毎年、夏から秋にかけては台風被害にも見舞われます。大雨を降らせる線状降水帯という言葉も一般的になりました。災害は、いつ、どこで、起こるか分かりません。

地方自治体の最も重要な仕事が、住民の生命・財産を守ることです。その最前線で働いているのが防災担当部署の職員です。

台風や大雨の予報が出ると、刻々変化する情報を収集します。多くの場合、泊まり込みです。台風の速度が遅い時や雨が何日も続く時は、泊まり込みが何日も続くこともあります。地方気象台と密に連絡を取り、天候状況が厳しくなることが予想される場合には、市長に災害対策本部の設置を進言します。進言を受けた市長は職員を緊急招集します。招集は真夜中のケースもあります（実際、午前1時頃、招集をかけたこともありました）。

職員招集後、災害対策本部会議が開催されます。市長が「避難指示の発令に備えて、避難所を開設する」と指示すれば、あらかじめ決められた避難所担当者がそれぞれの施設に出かけ、施設のカギを開け避難所を開設します。担当者は、水や毛布、暖房などを確認し、不足していれば備蓄倉庫から運び込みます。

市長が避難指示を出せば、次は市民への情報伝達です。防災担当部署の職員が防災行政無線、防災メール、ＬＩＮＥ、市ホームページ、地元ケーブルテレビなどを使って、該当地区の住民に指示を伝えます。並行して避難所担当者と連絡を取り、避難所における避難者の状況確認などを行い、対応すべきことがあればすぐに対応します。また必要に応じて地元消防団、警察署などとの連絡も行います。

平日や土日に行われる防災出前講座

防災は、日頃の備えと発災時の対応が重要です。浜田市では毎年、出水期（河川などが増水しやすい時期）前の5月の広報紙で防災特集を組み、防災準備をしておくこと、万一、発災した場合の対応について、お知らせしています。

しかし、高齢者の多い市です。文字情報だけでは住民になかなか伝わりません。地元ケーブルテレビの市提供番組でもお伝えしていますが、一方通行であり、質問や相談にお答えできません。そこで始めたのが、「防災出前講座」です。防災担当部署の職員は、市内の自治会・町内会などに出かけ防災出前講座を行っています。

講座では、災害に備えて日頃から準備しておくこと、「ハザードマップ」を用いて避難場所を確認し、避難指示が出た場合の対応などについて説明しています。この講座、市民の皆さんには好評ですが、担当職員は大変です。開催日時は、大半が平日の19時頃からか、土日の昼間です。この講座、年間１２０回以上開催されています。

いざという時のための「防災訓練」も重要です。毎年6月最初の日曜日、全市を挙げて「総合防災訓練」を行っています。市民の皆さんに参加してもらい、地域ごとに避難訓練が行われます。

この時には、防災担当部署の職員はもちろん、市職員の大半が参加して各地区の避難訓練をサポートします。このほか各地区の自主防災組織の主催で、湾岸地区の津波避難訓練、河川沿岸地区の河川氾濫時の避難訓練などがあり、都度、防災担当職員がサポートします。

わが国には四季があり、初夏は雨、夏から秋は台風、冬は雪の季節で、それぞれ災害リスクがあります。いつ発生するか分からない地震もあります。防災担当職員は、常に緊張感の中で勤務をしています。お子さんの学校行事への参加を直前にキャンセルしたという話も聞きます。防災担当職員や家族の皆さんには感謝しています。

災害が発生すると設置されるのは

2024年1月に能登半島地震が発生し、甚大な被害が発生しました。浜田市では、近年、これほどの大規模災害は起こっていませんが、ほぼ数年おきに風水害被害が発生し、多くの場合、道路、河川、農業用施設などに何らかの被害があります。被害が大きい時には、災害復興室を設置し、復旧業務にあたります。

　災害復興室は、市役所内から土木技師を中心とする職員を集めて設置され、復旧事業費の国庫補助を受けるための一連の業務を担います。

　まず道路、河川、農業用施設などの被害状況を確認し、国に概算事業費を提出します。その後、国の現地査定を受けます。この査定までの期間は「原則、年内」というルールがあり、復興室の職員は数カ月間、残業しながら膨大な作業に取り組みます。

　国の査定を受け、国庫補助がつけば実際の復旧業務が始まります。事業者の選定、復旧工事の発注、工事の進捗管理などです。復旧業務のために、災害復興室は、長い場合には3年以上設置されます。その間、職員を拠出した部署では、少ない人数で通常業務を行うことになります。お互いに大変ですが、災害復旧に向けて協力しあってもらっています。

　能登半島地震のような大規模な災害が発生した時には、災害復興室の設置どころではありません。市役所をあげて全職員で、場合によっては国や県、他自治体の協力も得ながら復旧・復興活動に取り組みます。災害の大きさによっては、数年の期間を要することもあります。大変な仕事ですが、災害対応は地方自治体にとって最も重要な仕事です。

コロナ禍、ワクチン対策室は土日も出勤

2020年1月にWHO（世界保健機関）は新型コロナウイルス感染症を「国際的に懸念される公衆衛生上の緊急事態」と宣言しました。連日、テレビや新聞で報道される新型コロナに関する情報に、市民は不安と恐怖を覚えました。「3密回避」が叫ばれ、人に会うことも、人と話をすることも控えるようになりました。

浜田市のような小さなまちでは、「どこの誰が感染したらしい」とか、「どの学校で感染者が出たらしい」といった噂が飛び交いました。どうすれば感染拡大を防げるか。手探りで対策を打たなければなりませんでした。

感染拡大の初期、マスク着用が推奨されましたが、急速な需要増で品不足。市民からマスクを求める声が多数寄せられました。そこで、災害用に備蓄していた約11万枚を放出しました。まずは診療所、福祉施設、幼稚園や保育施設などに200枚ずつ提供。個人には、妊婦と65歳以上の高齢者約2万人に1人5枚、配布しました。市役所の本庁、支所にマスクの臨時配布所を設け、土日を含む約10日間、職員を動員して市民に配布しました。

感染が始まり1年が経った頃、ワクチンが開発されました。感染や重症化防止の切り札と

して、各自治体にワクチンが割り当てられることになりました。接種対象は、まず医療従事者、65歳以上の高齢者、基礎疾患保有者です。その後、ワクチンが入荷次第、対象年齢を引き下げるとのことでした。経験のない業務に、スピード重視で取り組まなければなりません。

そこで、新型コロナワクチン対策室を設置しました。急遽、各部から10人の職員を招集。対策室の職員には、医療機関との調整、ワクチンの保管・管理と医療機関への配送、対象者への接種券の発送、問い合わせ対応のコールセンターの設置、土日に開設する集団接種体制の構築などにあたってもらいました。土日に行った集団接種には、さらに各部から数十人を動員して対応してもらいました。対策室の職員は、夜遅くまで、また土日も働いてくれました。新型コロナは、2023年5月に5類に移行して以降、徐々に落ち着いてきましたが、この3年半の対策室の職員の貢献には本当に感謝しています。

コロナ禍では他にも、市民1人当たり10万円の給付、子育て世帯への応援金の支給、プレミアム付「はまだ応援チケット」の販売、浜田市独自の事業者向け特別給付金事業、市内飲食店に対して感染防止のためのパーテーション設置の支援なども行いました。すべて各部から動員された職員による対応でした。職員の皆さんの頑張りがあって、何とかコロナ禍を乗り越えることができました。

役所の職員が「動員」される仕事

コロナ禍対応だけでなく、職員を特別の仕事に「動員」する取り組みは、役所ではごく普通に行われます。緊急事態や臨時業務に対し、人事発令を行わず臨機応変に対応する知恵だと思います。

例えば、「確定申告相談」です。浜田市では毎年2月上旬から3月15日まで、市役所（本庁、支所）や公共施設10カ所を会場に相談窓口を開設して、市民に確定申告の書き方の相談会を行っています。この相談に対応するため、全庁から約60人の職員が動員されます。動員される職員は前年7月から直前の1月までの間、10回の研修を受けます。講師は税務署の職員か市の税務課職員です。

申告相談には、毎年約6000人の市民が訪れます。この相談会では、市職員が確定申告書や還付請求書を書くお手伝いもしています。私は、市長就任後に相談会について聞き、「それって税務署の仕事では？」と思いましたが、長年、市民サービスの一環として行われています。動員された職員にとっても、税務知識の習得の機会となっています。もちろん税務署からは感謝されています。

職員は休日（土日）にも動員されます。例えば選挙の投開票です。わが国ではほぼ毎年のように選挙があります。4年ごとの市長・市議会議員選挙、同じく県知事・県議会議員選挙、3年ごとの参議院議員選挙、最長4年以内のいつか行われる衆議院議員選挙。これらの投票日は日曜日です。この投開票業務に、全職員の8割、約500人が動員されます。

浜田市では、市内約70カ所に投票所があり、約300人の職員が動員されます。日曜朝6時頃に担当する投票所に到着し、夜7時の投票終了まで業務にあたります。

また、開票業務には約200人が動員されます。日曜夕刻6時頃、開票会場に集まり、投票終了後、運搬担当が投票箱を開票会場に持ち込み、開票作業が始まります。作業はしばしば深夜まで行われます。選挙は公正が求められ、この開票作業は結構神経を使います。

市が主催・後援するイベントのほとんどは土日に開催され、やはり職員が動員されます。浜田漁港エリアを走るリレーマラソン大会では、走路誘導、駐車場整理、救急班などの仕事を担当します。秋には旧町村ごとに産業祭が開催され、会場案内、駐車場整理などに動員されます。健康フェスタや福祉大会では、運営サポート、会場案内などを担当します。こうした「休日」動員は、休日手当の支給ではなく、ほとんどが「代休」です。

ボランティアや地域活動にも取り組む

職員は、ボランティア活動にも取り組んでいます。たとえば毎年4月下旬に開催される「浜っ子春まつり」です。城下町の浜田市では、最大の出し物は参勤交代を再現した市指定無形文化財の「大名行列やっこ隊」です。

青年会議所の若手などが扮したやっこ隊が、「下にー、下にー」とかけ声を出して進み、毛槍を放り投げて相手に渡すパフォーマンスを行います。その後を、馬に乗った殿様役に続き、家老役、旅装束姿の供侍役、侍女役が歩きます。

大名行列の前座は、企業、団体によるパフォーマンスです。しかし人口減少が進み、事業所の閉鎖、縮小もあり、年々参加団体が少なくなっています。このパフォーマンスを支えるのが、市職員の「ハイヤ節踊り」です。その年に採用された職員を含め、職員の約1割の50～60人がボランティアで参加します。4月に入ると毎週1回、終業後に庁舎内で練習します。当日は揃いの衣装で「ハイヤ節踊り」を披露します。職員は、その他にも海水浴場や浜田漁港の清掃などのボランティア活動にも参加しています。

地域活動に参加する職員も多くいます。市職員の約2割が自治会・町内会の役員を務め、居住地区の消防団員になっている職員も多くいます。地区ごとにある石見神楽の舞手や、少年野球や子供サッカー、子供バスケットボールのコーチをしている職員もいます。地域活動と言えないかもしれませんが、地域のお寺を維持するために、職員の傍ら僧侶として仏事を行う者もいます。

市職員は、いろいろな場面で、なにかと頼られます。かつて市議会で、議員から「中山間地は高齢化が進み、道路の草刈りが大変。市の職員で草刈り隊を組成してもらえないか」との質問がありました。これに対しては、私は「難しい」旨の答弁をしました。さすがに道路の草刈りを職員にボランティアでやってもらうわけにはいかない、との判断です。現在は予算をつけて有償での草刈り支援を行っています。

仕事にミスは許されない

役所の仕事は正確に行って当たり前、ミスは許されません。役所は、児童手当などの各種給付金の支給、税金や保険料の徴収などを行います。給付金は、正しい金額を指定日に対象の市民にきっちりと支給し、税金や保険料は正しい金額を徴収しなければなりません。

年齢別人口構成、世帯数、軽自動車台数などの各種統計計数を把握し、公表するのも自治体の仕事です。各職場とも最善の注意を払いますが、ミスが発生することもあります。こんなこともありました。

敬老の日に発表される100歳以上の市民の人数を、浜田市の担当課が1けた少なく県に報告しました。県は他市町村の数字と合わせ国に報告、島根県はそれまで連続日本一でしたが、その年は全国2位になりました。

結果が発表され、「そうか。残念だな」と思いましたが、担当課から県への報告が間違っていたとの報告がありました。急遽、県にお詫びをして訂正してもらい、国にも訂正してもらいました。その結果、島根県は連続日本一になりました。

事務ミスなどがあると、記者発表を行います。翌日の新聞に、「浜田市、〇〇で事務ミス」と掲載されます。記事の大小など扱いは新聞により異なりますが、ほとんどの場合、ミスは報道されます。案件によっては新聞をご覧になった市民から「自分のところは大丈夫か?」との問い合わせや、「ケシカラン」とのお小言をいただくこともあります。

人間ですから、時にはミスもあります。しかし、役所の仕事ではミスは許されません。

ミスが発生すると、まずは原因究明です。なぜ起こったのかを徹底的に調べます。そして、どうすれば防げるのか対策を講じ、再発防止に努めます。担当者は顛末書を書き、重大なミスの場合、担当部長（時には市長）が記者会見で謝罪します。ミスの内容によっては、担当者や管理職に対して人事上の処分を行うこともあります。

「情報公開請求」への対応は大変

「情報公開請求」という制度があります。情報公開条例に基づく重要な制度です。浜田市の場合、多い年には年間２００件を超える公開請求があります。請求内容も様々です。例えば、「○○会議の1年分の会議録」、「○○案件の検討過程における記録のすべて」、「コンサル会社に委託した調査報告書の全文」、「○月○日から○月○日までの公用車の運行記録」など内容は多岐にわたっています。

対応する職員は大変です。時には数百ページにもわたる資料をコピーし、内容をチェックし、個人情報などのある個所を黒塗りし、ＰＤＦにします。よく、「公開請求したら、のり弁だった」と批判されますが、公開によって個人が不利益を被るのは避けなければなりません。この作業、神経を使いますし、時間もかかります。時には、深夜までかかる大変な作業です。

公開請求は、それで終わりではありません。請求者にとってはここからがスタートです。

何か問題はないか、指摘すべき点はないか、内容がチェックされます。請求者が「もっと、この点を知りたい」と思えば、電話やメールで問い合わせがあり、その結果、さらなる公開請求が行われることもあります。

公開請求後、しばしば請求者から議会あてに、「陳情」や「請願」が提出されます。「陳情」は、紹介者を必要としない要望で、提出された陳情を採択するかどうかは、通常、所管委員会で審査されます。「請願」は憲法に定められた制度で、住民が議員の紹介で国や地方自治体に意見、要望等を行うものです。請願が提出されると、所管委員会で審査されたあと、本会議で採択、不採択が決定されます。採択されれば、市長に送付され、市長は実現に努力する必要があります。

公開請求後、時には住民監査請求や行政訴訟が行われることもあります。すると、担当部署はその対応でさらに大変です。度重なる公開請求や、その後の度々の問い合わせで精神的に疲弊し、異動を申し出た職員もいました。

市町村合併後、なぜ若手職員が不足するようになったか

平成時代の1999年から2010年にかけて、全国の自治体でいわゆる「平成の大合

併」が行われました（詳しくは、第2章で述べます）。浜田市でも、２００５年10月1日、1市3町1村の5つが合併して新浜田市が誕生しました。

合併した市町村は、同一業務の集約などにより、職員削減に取り組みました。問題は削減方法です。民間企業が人員削減を行う場合、通常、給与の高いベテランから希望退職を募ります。ところが合併した自治体の多くはそれを行わず、新規採用者数を減らして人員調整を行いました。浜田市も、定員適正化計画がつくられ、同じ方法が採られました。

浜田市では、「3分の1採用」という手法でした。「退職者が3人いたら、新規採用は1人」という方式です。例えば、その年の年度末に30人の退職予定者がある場合に10人を採用するということです。退職者は例年20～30人ですから、採用者は7～10人となります。当時は、基本的に高校や大学の新卒（卒業後3年まで）だけの採用でしたので、結果的に若年層（20歳代から30歳代前半）の数は各年次10人以下となりました。

浜田市の課長ポストは約70で、例年、15人前後が新しく課長に就任します。若年層が各年次10人以下ということは、将来、彼ら彼女らが課長適齢期になった頃、全員を課長にしても、「まだ人材が足りない」ということになります。人事課に頼んで、年齢別の人員構成のグラフをつくってもらったところ、予想通りでした。「このままの人員構成が続けば、将来、大変なことになる」。2014年、市長就任2年目に、このことに気づきました。

すぐに改善策を講じました。一般職の場合、①採用方式を「3分の2採用」に変更する、②社会人採用を行う、③年齢は35歳まで（その後、40歳まで引き上げ）としました。技術職（建築、土木、看護、保健など）の場合、「退職予定人数と同数」を採用することにしました。

こうした対策を講じても、地方自治体勤務を希望する人は少なく、採用に苦労しています。浜田市の一般職採用では、20数年前は採用予定者の30倍前後の応募者でしたが、10年前には8倍前後、この2、3年は3倍前後です。さらに近年は、若手中堅の退職者も増えています。結果的に各職場とも「若手不足」が続き、他の職員へのしわ寄せが発生しています。

かつて市職員の適正規模は、「住民100人に職員1人」と言われていました。多くの地方自治体では人口減少が進んでおり、本来は、職員数が減っても業務は回るはずです。ところが、一方で、新たな行政需要が発生しています。コロナ禍対応の他にも、少子化対策、地方創生、デジタル化、脱炭素化などで職員1人当たりの業務負担は年々増加しています。事業の見直しを図るとともに、デジタルを活用した事務効率化に取り組む必要があります。

役所への世間の風は冷たい？

思い過ごしかもしれませんが、私は役所に対する世間の風は冷たいように感じます。

毎週日曜の夕刻に放送される『笑点』（日本テレビ系列）という番組があります。司会者の質問に、回答者の落語家が洒落をきかせて答え、よい答えなら座布団をもらえる人気番組です。私の昔からのお気に入りで、毎週、楽しみにしています。しかし、この番組、たまに気になるシーンを見ることがあります。落語家が政治家や役所の仕事ぶりをネタにすると、拍手が起こることです。

取りあげられるのは、たいていメディアで話題になっている政治家や役所の不祥事などです。拍手をしている人はおそらく、落語家に対して、「よく言ってくれた」の気持ちで、政治家や役所に対しては「しっかりしろよ」の気持ちを込めているものと思います。一方で、そうした事案は、仮にあったとしてもおそらく一部の人や組織のことだと思います。しかし、拍手の背景には、政治家や役所に対する世間の厳しい視線があるように感じます。

メディア、特に地元紙の行政に関する報道にも、時々冷たさを感じます。地元紙が記事として取りあげる対象は、大きく、①住民や地域団体、②地域の企業や事業所、③行政（地方自治体）の三つがあります。①は大半が活動などを持ち上げる好意的な内容で、記事に温かさを感じます。②は、決算発表、新商品、工場拡張計画、新事業進出など、企業から提供された情報を記事にしていて客観的です。ところが、③の自治体に関する記事は、「批判的に書かれる」ケースが多いように感じます。

例えば、某県の各市の２０２４年度予算に関する記事を見ると、共通して予算規模、重点施策などが書かれていました。ところが、記事の最後に、「○○政策は道半ば」、「乏しい○○対策」、「見えにくい○○振興」、「財政規律保持が課題」、「もっと丁寧な説明を」、「市長の手腕が問われる」などの批判的な言葉が続いていました。これを見て、改めて「新聞は自治体に冷たいな」と思いましたが、読者の皆さんは、いかがでしょうか？

何人かの職員からこんな話も聞きました。飲食店でたまたま会った市民から、「役人はいいなあ、俺たちの税金でいい給料をもらって」などの嫌味を言われた経験があることです。お酒は楽しく飲みたいものです。市役所の職員の多くは、飲み会は役所の仲間か、仲の良い友人とだけ、としているそうです。

役所はシンクタンクであり実行部隊

本章では、浜田市を例に市職員の仕事がいかに大変かについてお話ししました。もちろん、自治体によって事情は異なると思いますが、少なくとも地方の小規模自治体では、程度の差はあれ、似たような状況だと思います。

確かに、市役所の仕事は楽ではありません。しかし、市民の生活を支え、様々な課題の解決に取り組む重要な仕事です。今、地方自治体は課題山積です。少子高齢化、人口減少、地域産業の低迷、企業の働き手や行事の担い手不足、空き家の増加、公共施設の老朽化、公共交通の維持など、本当に多くの課題を抱えています。市役所には、地域の役に立ちたいと思っている人にとって、人生をかけるに相応しい仕事があると思います。

私は、役所は地域最大の「シンクタンク（頭脳集団）」であり、強力な「実行部隊」であると考えています。役所には、様々な分野の専門家がいます。政策や施策の判断の基となるデータも持っています（県や国のデータも含めて）。課題解決に向けて、何をすべきかを判断できます。予算も持っています。何に、いくらの予算をつけるかの決定権もあります。市民に呼びかけ、民間事業者の力を借りて、事業に取り組むこともできます。

国も地方の取り組みに期待しています。1990年代までは地方の政策や施策の多くは国主導でした。国が政策を掲げ、予算を確保し、施策の旗を振る。地方は、国から予算をもらい国が示した施策を行う。

こうした図式が変化したのが2000年前後からです。国の財政が厳しくなる中、限られた予算を有効に使うことが求められるようになりました。国の打ち出した施策が、必ずしも効果があるものばかりではなかった、という事情もありました。加えて、背景に地方分権の動きもありました。

「解は現場にあり」という言葉があります。私の好きな言葉です。地方の課題解決のカギを握っているのは、地方だと思います。地方の抱える課題について、その解決策を最も真剣に考え、アイデアを出し、取り組んでいるのは地方自治体です。国も今、地方での取り組みを応援しています。よい取り組みがあれば、モデル事業として交付金を支給し、それを好事例として取り上げて他自治体に紹介し、横展開を図っています。

先ほど述べたように、地方自治体は課題が山積です。つまり、解決に向けて取り組まなければならない仕事、チャレンジすべき仕事がたくさんある、ということです。

地方の課題解決に貢献したい、難しい仕事にチャレンジしたいと考えている人にとって、地方自治体（役所）は絶好の舞台です。「地方の力になりたい」と考えている、やる気のある人は、ぜひ地方自治体の職員として働いてほしいと思います。

第 2 章

そうだったのか
地方自治体

役所のしくみ

地方自治体は身近な存在

役所には○○省などの中央官庁もありますが、本書で対象とするのは「地方の役所」です。地方の役所には、市役所や町村役場のほか、都道府県庁があります。これら市町村や都道府県を、一般に「地方自治体」と言います。

地方自治体は住民にとって、大変身近な存在です。地方自治体と住民との関係で、一番にあげられるのは「住所」です。

皆さんのお住まいには住所があります。住所があるから郵便や宅配便が届きます。旅館やホテルに泊まる時には、宿泊カードに名前と住所を記入します。進学や就職で、あるいは旅先で出会った初対面の人との会話は、住所の話題から始まることが多いと思います。「ご出身はどちらですか?」、「お住まいはどこですか?」と聞かれ、「○○県の△△市です」と答えます。相手が「△△市に知り合いがいます。お魚の美味しいところだそうですね」と言えば、「そうなんです。ノドグロがお勧めです」と答え、会話が弾みます。

住民と地方自治体との関係の第一が住所だと言われると、「えっ?」と思われるかもしれません。皆さんもこれまで様々な場面で、何度となく住所を書いたと思いますが、その際、ほとんどの人は地方自治体を意識したことはないと思います。でも、住所の頭にある「〇〇県」や「△△市」は、まさに住民の皆さんが住んでいる地方自治体のことなのです。

関係のもう一つは、住民は地方自治体から様々な「行政サービス」を受けていることです。

結婚したら、役所に婚姻届を提出します。すると役所は戸籍や住所の変更などの手続きを行います。最近は、結婚したカップルに祝い金を支給する自治体も多くあります。妊娠が分かったら、役所に妊娠届を提出します。すると役所は、母子健康手帳を交付します。この手帳に母と子の健康記録を記入してもらい、保健指導の参考にします。赤ちゃんが誕生したら、応援金を支給する自治体もあります。

多くの自治体は、独自の子育て支援策にも力を入れています。保育所を整備し待機児童をゼロにする、保育料の無償化を行う、給食費の無償化の対象を小中学生まで拡大する、子ども医療費の無償化の対象を高校生まで拡大する、などです（これらは、すべての自治体で行われているわけではありません）。国が行う支援策を地方自治体が行っているものもあります。児童手当や児童扶養手当の支給事務は、地方自治体が行っています。

教育も地方自治体の重要な仕事です。公立小中学校の大半は、市区町村が運営していきます。学校給食も提供しています。住民の生活に欠かせない水道水の供給、下水道の管理・運営、家庭ゴミの収集、市道や町道の管理なども地方自治体による行政サービスです。このように、地方自治体は住民にとって、大変身近な存在です。

憲法や法律が定める地方自治体の役割

国が行う政治に対して、地方で行われる政治を「地方自治」と言います。この地方自治を担うのが「地方自治体」で、法律用語では「地方公共団体」と言います。国の政府に対して「地方政府」と言うこともあります。本書では一般に用いられる「地方自治体」を使いますが、法律を引用する際には「地方公共団体」を使うこともありますし、「地方政府」を使うこともあります。この三つの言葉、ほぼ同義語です。

地方公共団体の基本的事項を規定しているのは日本国憲法です。1947年5月3日施行の日本国憲法第8章「地方自治」には、「地方公共団体の組織や運営に関する事項は地方自治の本旨に基づいて法律で定める」とあります（憲法92条）。この「地方自治の本旨」には、「住民自治」と「団体自治」の二つの要素があると考えられています。

住民自治は「住民が、自分たちの自治体のことは自分たちで決める」ということ、団体自治は「国から独立した団体である自治体が、団体の権限と責任において地域の行政を行う」

ということです。

憲法には、地方公共団体には議事機関として「議会」を設置しなければならないことや、「地方公共団体の長」や「議会の議員」は地方公共団体の住民が直接、選挙しなければならないことなどが規定されています（憲法93条）。機能についても規定しています。地方自治体には、①財産の管理、②事務の処理、③行政の執行、④条例の制定の四つの機能があります（憲法94条）。

①の財産管理は、地方自治体が所有する不動産、動産などを管理すること、②の事務処理は、地方自治体が行うべき事務を処理すること、③の行政執行は、いわゆる「行政処分」と言われるもので、法律や条例に基づいて国民に権利を与えたり義務を負わせたりすることです。④の条例制定は、地方自治体の行政運営上、大変重要です。あとで詳しく説明します。

憲法の下、地方自治について細かく決めている法律が「地方自治法」です。地方自治法は、憲法と同時に施行されました。制定当初は中央集権的色彩が強くありましたが、１９９０年代後半から地方分権の議論が高まり、１９９９年（平成11年）、地方分権改革を織り込んだ地方分権一括法が公布され（施行は２０００年）、それに伴い大改正が行われました。その後、何度かの改正があり現在の地方自治法となっています。

地方自治法は様々なことを定めています。例えば、地方公共団体の役割については、「住民の福祉の増進を図ることを基本とし、地域における行政を自主的かつ総合的に実施する」と規定しています（地自法1条の2）。「住民福祉の増進」というのは、住民の幸せ（＝福祉）の向上や地域を豊かにすることを意味しています。大前提として、災害などから住民の生命、財産を守らなければなりませんが、これらも重要な役割です。

地方自治法は、地方自治体が行う事務も定めていますが、1999年の大改正で大きく変わりました。それまで、地方自治体には、「機関委任事務」という、「国に代わって行う」事務がありました。従前の都道府県事務の約7～8割、市町村事務の約3～4割を占めていました。しかし、この事務は、「地方自治体が国の出先機関となり、憲法にいう地方自治の本旨に反する」という議論もあって法律改正時に廃止されました。

改正された地方自治法では、「法定受託事務」と「自治事務」に整理されました（地自法2条8項、9項）。法定受託事務は、「本来、国が果たすべき役割に係る事務」で、具体的には、国政選挙、旅券の交付、国勢調査、国道の管理、戸籍事務、生活保護などです。一方の自治事務は、「法定受託事務を除いたもの」です。具体的には、介護保険や国民健康保険の給付事務、都市計画の策定、公共施設の管理、飲食店の営業許可、病院・薬局の開設許可などです。

条例は独自に制定される法規

地方自治法は条例についても規定しています。条例は、憲法で認められた「地方自治体が独自に制定することができる法規」です。国には法律がありますが、地方自治体にとって、法律的な意味合いを持っているのが条例です。条例は、国が定める法令の範囲内で、地域の実情に応じて制定することができます。

条例は、「案」が地方議会に提出されたあと、議会での議決を経て成立します。条例案を提出できるのは地方公共団体の長、議会、住民の3者です。このうち議会と住民には、提出に条件があります。議会は、議員定数の12分の1以上の賛成で条例案を議会に提出できます（地自法112条2項）。住民は、選挙権者の50分の1以上の連署を集めることで、地方公共団体の長に対して条例制定が請求できます（地自法12条、74条）。

条例にはいくつかの種類があります。代表的なものの一つは「法律の規定に基づく条例」で、法律において条例で定めることとされているものです。例えば、公の施設の設置条例、附属機関の設置条例、行政組織条例、自治体職員の定数条例、手数料や使用料等に関する条例、議員報酬に関する条例などで、一般に条例の中で最も多く、浜田市の場合は約280本あります。提案者はすべて市長です。

もう一つは、「任意的条例」と言われ、地方自治体の政策等に基づいて制定されるものです。浜田市では、市長提案として、情報公開条例、協働のまちづくり推進条例、人権を尊重するまちづくり条例、男女共同参画推進条例などがあります。また議会提案では、議会基本条例、議員定数条例、政務活動費に関する条例、認知症の人にやさしいまちづくり条例、地産地消条例、地酒で乾杯条例などがあります。任意的条例は約40本です。

「都道府県」と「市町村」がある

地方自治体には、「普通地方公共団体」と「特別地方公共団体」があります（地自法1条の3第1項）。普通地方公共団体は、「全国どこにも普通にある団体」という意味で、具体的には、都道府県と市町村のことです。特別地方公共団体は、特別の目的で制度化された団体で、「特別区」（東京23区）、「地方公共団体の組合」（一部事務組合、広域連合）、「財産区」（地域住民に財産の権利を特別に認めた団体）があります（図表2−1）。

一般に地方自治体という場合、「普通地方公共団体」を指しますので、都道府県と市町村

図表2-1　地方自治体の種類

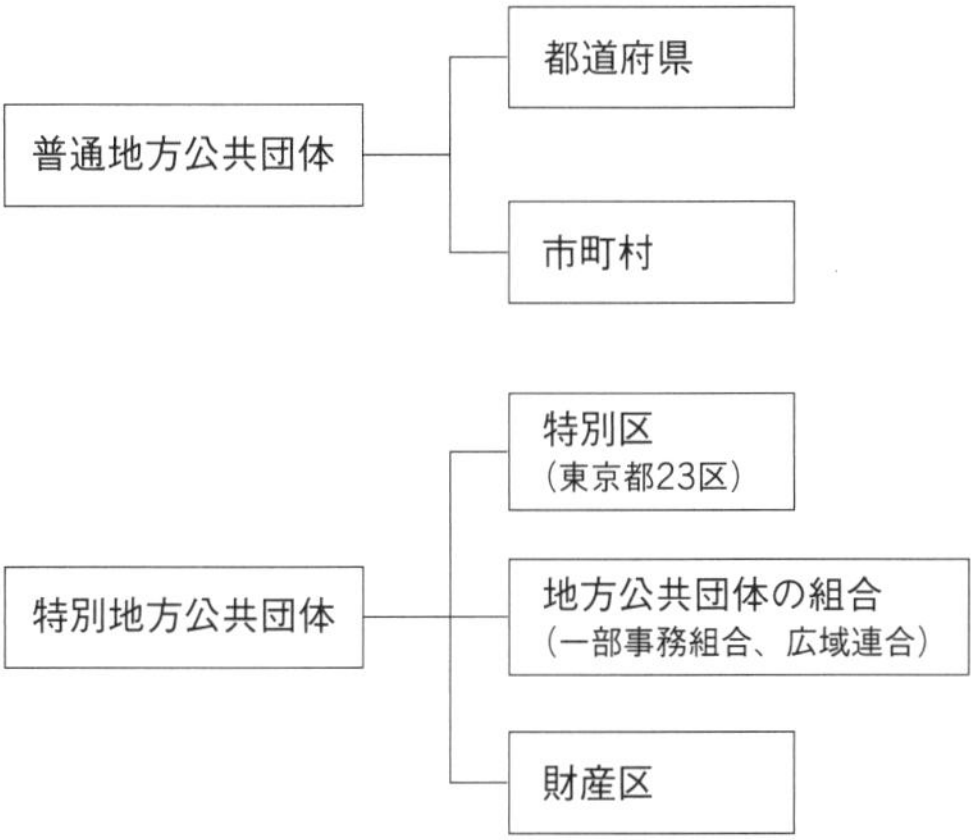

（出所）筆者作成

についてお話しします。

都道府県は、市町村を包括する広域の地方公共団体で、一般に「広域自治体」と言われます。所管事務は、①広域にわたるもの、②市町村に関する連絡調整に関するもの、③市町村が処理することが適当でないもの、と規定されています（地自法2条5項）。県所管の河川や道路の整備、県立高校の設置・管理、市町村立の小中学校の教職員の任免と給与負担、警察・保健所・児童相談所の設置、広域的な都市計画などです。都道府県は全国に47あります（内訳は、都1、道1、府2、県43）。

市町村は基礎的な地方公共団体で、一

般に「基礎自治体」と言われます。都道府県が処理するものを除く地域の事務を処理します（地自法2条3項）。市町村道の整備、小中学校の設置・管理、消防、ゴミの収集・処分、結婚・出生・死亡などの届出受理、転入・転出の手続きと住民票の発行、生活保護業務、国民健康保険や介護保険の運営、上下水道事業、都市計画の策定などです。市町村の数は1718です（内訳は、市792、町743、村183。2024年4月1日現在）。なお、市のことを「都市自治体」とも言います。

47都道府県の原型ができたのは1888年

地方自治体には、幾多の変遷がありました。

都道府県の歴史は、明治政府が1871年（明治4年）7月に行った「廃藩置県」に遡ります。江戸時代は、徳川幕府と諸藩を単位とする分権型の幕藩体制でした。1867年（慶応3年）、幕府は大政奉還（政権を朝廷に返す）を行いました。新政府は、翌1868年（明治元年）、元号を「明治」と改め、地方を「府県」と「藩」に分ける「府藩県三治制」としました。府県とされたのは、幕府の直轄地や接収された藩でした。この時には、藩は従来のまま残りました。

1869年、政府は旧藩主から「版」（領地）と「籍」（領民）を天皇に返還する「版籍奉還」を行い、各藩の藩主を「知藩事」に任命しました。しかし、その後も実質的には藩体制が続きました。そこで政府は、1871年に藩を廃止、新たに県を設置する廃藩置県を断行しました。これにより、政府が地方を直接治める中央集権国家体制が整えられたのです。

最初は「府県制」でした。廃藩置県直前の府藩県は、3府、41県、261藩の合計305でした（齊藤忠光『地図とデータでみる都道府県と市町村の成り立ち』）。これが廃藩置県では、江戸時代に「三都」と呼ばれた江戸（東京）、京都、大阪はそのまま「3府」（東京府、京都府、大阪府）となり、藩はすべて廃止されて新たに302県が設置され、「3府302県」となりました（沖縄と北海道を除く）。

設置された302県は、基本的に旧藩をそのまま継承したものでした。その結果、県の数があまりにも多く、飛地領（遠隔地にある領地）もあり、大小混在していたことから、見直しが行われ、その結果、1871年（明治4年）12月には3府72県になりました。その後も統合は続き、1876年には一気に3府35県となりました。そして、1879年に沖縄県が設置され、3府36県となりました（前出の齊藤忠光著）。

ところが、1876年の統合が急激だったことから、統合された各県で分離運動が起こりました。そこで政府は再度見直し、1886年設置の北海道を加え、1888年に3府1道43県の「47道府県」とし、現在につながる「47体制」の原型が出来上がりました。現在の「47都道府県」となったのは、東京府が東京都になった1943年（昭和18年）です。

余談ですが、1876年の統合では、島根県と鳥取県が統合され、東西にかなり細長い新「島根県」が誕生しました。しかし、その後、鳥取県内で分離運動が起こり、1881年9月12日、島根県からの分立が認められ現在の鳥取県になりました。鳥取県では、9月12日が「とっとり県民の日」に制定されています（1998年制定）。鳥取県民にとっていわば「独立記念日」です。鳥取県民の「鳥取県」に対する愛着の表れだと思います。

130年で日本人に根づいた県民意識

今から130年以上前の1888年に47道府県体制ができて以降、わが国では、様々なことが都道府県単位で行われ、そのほとんどが今日まで続いています。

多くの人は、出身地を聞かれると「○○県です」と答えます。国技と言われる大相撲では、日本人力士は番付表に「しこ名」（力士名）とともに出身都道府県が書かれており、取組の都度、紹介されます。国民スポーツ大会（旧国民体育大会）は都道府県ごとに競い、夏の高校野球では甲子園出場を目指して、高校ラグビーでは花園を目指して、都道府県ごとに予選が行われます。

県民性や県民気質という言葉もあります。○○県民は働き者で忍耐強いとか、△△県民は温厚な性格、××県民は理屈っぽい、などと言われます。人気テレビ番組の「秘密のケンミンＳＨＯＷ極」では県民熱愛グルメや地域による慣習の違いが紹介され、見るたびに「県による違い」に驚きます。われわれの生活は、長年「都道府県」単位で行われているのです。

ところで、参議院議員選挙では「合同選挙区」（通称「合区」）という制度があります。２０１２年に最高裁判所が、「一票の格差」（選挙区間における議員１人当たりの人口の不均衡）があるとの判決を行ったことから、２０１５年に公職選挙法が改正され、導入されたものです。２０１６年の参議院議員選挙から「島根県と鳥取県」、「徳島県と高知県」が合区となりました。今後、人口減少に伴い、対象県は拡大する可能性があります。

二院制をとるわが国の参議院では、憲法制定以来、都道府県を単位として代表が選出されていました。合区での参院選は、これまで３度行われ、投票率の低下などの弊害が出ています。長年、都道府県単位で様々なことが行われてきたわが国に合区制度はなじみません。それぞれの県民の声が国政に反映されるよう、参院選の合区は早期に解消すべきだと思います。

近代化を目指した明治の大合併

市町村の歴史は合併の歴史です。これまでに明治、昭和、平成の3回、大きな合併がありました。「明治の大合併」の前に、江戸時代の話をします。

江戸時代には全国各地に「村」がありました。村は大名や寺社などの領主によって治められ、村の範囲は領主による検地で決められました。村には、「庄屋」、「名主」などの名称の村の長や、「年寄」、「組頭」などの村役人が置かれました。村人は、村民として身分が保証される一方、年貢（租税）や賦役（労働の形で支払う地代）、法令遵守などの義務がありました。このように、江戸時代の村は「行政村」的な性格でした。

明治時代前半まで、村は「ほぼ江戸時代のまま」でした。村の数は、1888年（明治21年）時点で7万1314ありました（総務省ＨＰ）。規模には大きな差があり、戸数が1000戸を超える大きな村もあれば10戸以下の村もあり、多くは100戸以下でした。こうした背景のもとで、明治の大合併が行われました。

明治の大合併は、明治政府の主導で行われました。政府は、教育、戸籍、土木、徴税などの業務を市町村に担わせる、新たな地方制度をつくることにしました。初代の内務大臣、山県有朋がプロイセン（現在のドイツ）の地方制度を参考に発案したと言われています。こうした業務を担わせるには、町村を財政力のある自治体にする必要があります。そこで政府は、財政的基盤を持たせるため、１８８８年４月、「市制町村制」を公布しました（施行は１８８９年４月）。

そして、公布の年の６月に、内務大臣訓令として「町村合併の標準」が示され、標準規模は、戸数が「３００〜５００戸」でした（このほかに「町村税総額」なども示されました）。この戸数は、「一つの村に一つの小学校が設置できる」が目安とされたと言われています。人口規模は示されてはいませんが、推計すると、標準規模の町村人口は１５００〜３０００人程度だったものと思われます（一戸当たり世帯人数５〜６人として計算）。

この市制町村制に伴う大規模な町村合併により、１８８９年末の市町村数は１万５８５９となり（総務省ＨＰ）、町村数は約５分の１に大きく減少しました。

戦後復興を目指した昭和の大合併

昭和の大合併も政府の主導でした。戦後、復興を目指して教育改革や地方制度などの改革が行われました。教育では、小学校から大学までを「６・３・３・４」制に変更する「学制改革」により、「新制中学校」が設置されました。市町村は、新制中学校の設置・管理、消防、警察（のちに都道府県に移管）、社会福祉、保健衛生などの業務を担当することとされました。

新たな業務を行うには、既存の町村は小規模過ぎました。増える業務を効率化するには一定の規模が必要です。そこで政府は、1953年（昭和28年）、「町村合併促進法」を制定し、「町村は、概ね8000人以上の住民を有することを標準とする」が示されました。これは、「新制中学校1校を効率的に運営するための財政上の最低基準」と考えられた人口でした。続く1956年、「新市町村建設促進法」が施行され、合併後の町村数を「約3分の1にする」が示されました。

町村合併促進法が施行された1953年10月時点の市町村数は9868（総務省HP、以下同）でしたが、新市町村建設促進法が施行された1956年9月には3975となりました。そして、合併が落ち着いた1961年6月には3472になりました（556市、1935町、981村）。その後も市町村合併は続きましたが、「平成の大合併」までの約50年間、市町村数はずっと3000台でした。

地方分権改革の中で行われた平成の大合併

平成の大合併は、地方分権一括法が公布された1999年（平成11年）に始まりました。当時のわが国は、バブル経済が崩壊し企業業績が悪化、経済は低成長となる一方で、国民の意識は多様化し、家族やコミュニティも大きく変容、地域の支えあい機能も低下していました。公共サービスの担い手としての市町村への期待が高まる一方、国・地方とも巨額の債務があり、深刻な財政状況にありました。こうした厳しい環境にあっても、市町村は多様化する住民サービスを提供しなくてはなりません。

そうした状況の中、平成の大合併が行われました。目的は、地方分権や地方再生の担い手の市町村に「強い行財政基盤」を持たせることでした。1999年に「地方分権一括法」が公布され、地方分権改革が開始されました。地方に権限移譲するには、受け皿の市町村にはしっかりした財政基盤と政策立案力や遂行力が求められます。そのため市町村を統合し、「より大きな自治体」、できれば「市」にする必要があると考えられたのです。

1999年に「市町村の合併の特例に関する法律」（旧合併特例法）の改正が行われました。この改正では、特に「人口1万人未満の町村」の合併が促されました。この法律の主な改正内容は、次の通りです。

①「市」となる要件の緩和（人口要件を「5万人以上」から「3万人以上」に引き下げ）

②地方交付税算定の特例（合併後10年間、地方交付税は合併前の交付額を交付）

③「合併特例債」創設（合併後10年間（20年間に延長）、合併関連事業の起債を認める）

法改正の翌2000年、当時の与党（自民党、公明党、保守党）による「与党行財政改革推進協議会」において、「市町村合併後の自治体数は1000を目標とする」方針が示されました。そして、全国各地で「合併協議会」（正式には「法定協議会」）が設置され、合併協議が行われました。後述する「合併特例債」などの手厚い財政支援が認められるのは「平成17年度末までに合併した自治体」とされたため、平成17年度（2005年度）には、全国で多くの市町村合併が行われました。

平成の大合併が始まった1999年4月の市町村の数は3229でした（671市、1990町、568村）。これが、合併が集中したあとの2006年3月末の市町村数は1821となりました（777市、846町、198村）。この平成の大合併によって、市は約100増加、町は5分の2に、村は3分の1に大幅に減少しました。しかし、市町村の総数は、目標の1000には届きませんでした。

市町村が大合併に向かった大きな動機

この平成の大合併、市町村側から見たらどうだったのでしょうか。国は強い行財政基盤を持たせるために合併を推進しようとしましたが、多くの市町村の本音は「できれば、したくない」でした。住民は行政サービス低下を心配し、町や村の名前がなくなる寂しさもありました。町村職員には、仕事のやり方の変化やポストの減少という不安もありました。町村長や町村議会議員には、自分自身の今後の「身分の心配」もあったと思います。

合併は、市町村同士の合意で行われるべきもので、国は強制的には進められません。そこで、合併を推進したい国が打ち出した財政支援策が「合併特例債」でした。合併特例債は、合併市町村が「新しいまちづくりに必要な事業」の財源として発行できる地方債です。必要な事業費の95%まで発行でき、元利償還金の70%が交付税として措置（国が返済を支援）されるもので、地方自治体にとっては大変有利な地方債です。

例えば、10億円の事業を行う場合、合併特例債が発行できるのはその95%、9・5億円です。差額の0・5億円（A）は負担しなければなりません。一方、特例債の7割は交付税措置（国の返済支援）があるので、返済額は9・5億円×3割＝2・85億円（B）です。つまり、自治体の実質負担は「A＋B＝3・35億円」（実際は、これに利息支払い分が加わります）。自治体から見れば、「3・35億円で約3倍の10億円の事業ができる」ことを意味します。

合併特例債を発行できるのは、2006年3月末までに合併した自治体です。償還期間（返済期間）は概ね20年で毎年発行できます。発行期間は当初は10年でしたが、合併自治体からの強い要望があり、2度の法改正で20年間発行できることになりました。財政状況が厳しく、やりたい事業がなかなかやれないでいた自治体にとっては大変魅力的な制度でした。この合併特例債が「強力なインセンティブ（動機）」となり、平成の大合併が進みました。

浜田市（2005年10月、1市3町1村が合併）の例をお話しします。合併特例債の発行額は、合併後19年間（2024年まで）で総額約260億円です（年平均は約13・7億円）。最も多かった年は年間28億円）。使途は、統合小学校建設、小中学校の施設改修、学校給食センターの移転改築、道路・側溝整備、公園・運動施設整備、住民交流館整備、ゴミ処理施設整備、農林業施設整備、地元ケーブルテレビジョンの施設整備など、多岐にわたっていました。

平成の大合併は西日本のほうが進んだ

平成の大合併では、合併した自治体もあれば、しなかった自治体もあります。県によっても大きな差があります。

合併前の１９９９年３月末の市町村数は３２３２、２０１０年３月末が１７２７ですから、この間に、市町村数は１５０５、比率で46・5％減少しました。減少率を都道府県別に見ると、「減少率60％以上」は減少幅が大きい順に、長崎県（73・4％）、広島県（73・3％）、新潟県（73・2％）、愛媛県（71・4％）、大分県（69・0％）、山口県（66・1％）、岡山県（65・4％）、島根県（64・4％）、秋田県（63・8％）、滋賀県（62・0％）、香川県（60・5％）でした。総じて見ると、「減少幅が大きい」つまり合併が進んだのは、東日本より西日本の自治体でした。

逆に、「減少率30％未満」を見ると、大阪府（2・3％）、東京都（2・5％）、神奈川県（10・8％）、北海道（15・6％）、奈良県（17・0％）、山形県（20・5％）、沖縄県（22・6％）でした。大都市を抱える大阪府、東京都、神奈川県や、面積が広大な北海道、島々を抱える沖縄県などでは、「合併が進まなかった」と言えるようです。

総務省は2007年に、合併に至らなかった1252団体（市町村）に理由を聞いています。1位が、「合併についての意見集約ができなかった」（33・7％）でした。次いで「単独で運営していこうと考えた」（30・8％）、「合併を望んだが相手が消極的・否定的だった」（26・4％）、「合併協議で、協議事項の合意ができなかった」（18・4％）でした（総務省「『平成の合併』について」）。合併の必要性を認識しながらも、様々な理由で実現できなかったようです。

ところで、明治の大合併では町村数が「5分の1」になり、昭和の大合併でも、ほぼ目標通り「3分の1」となりました。しかし、同じく国主導で行われた平成の大合併では、目標の1000に対して大きく未達となりました（本書執筆時点でも、市町村数は1718です）。なぜ、そのような違いがあったのでしょうか。私は、それぞれの時代を背景とした「政府の強制力」に差があったように思います。（図表2－2）

明治の大合併が行われた頃、わが国は、近代化に向けてひた走りに走っていました。政府は、合併後の町村規模を「戸数300～500戸、小学校1校が設置できる」を目安に強力に推進しました。昭和の大合併は、戦後の復興を目指し、政府は、「人口は概ね8000人、新制中学校1校の設置」を目安として合併を推進しました。

図表2-2　市町村合併による市町村数の推移

合併時期	年月	市	町	村	計
明治の大合併	明治21年(1888年)	―	71,314		71,314
	22年(1889年)	39	15,820		15,859
昭和の大合併	昭和28年(1953年)10月	286	1,966	7,616	9,868
	31年(1956年) 9月	498	1,903	1,574	3,975
	36年(1961年) 6月	556	1,935	981	3,472
平成の大合併	平成11年(1999年) 4月	671	1,990	568	3,229
	18年(2006年) 3月	777	846	198	1,821
	22年(2010年) 4月	786	757	184	1,727
(現在)	令和 6年(2024年) 4月	792	743	183	1,718

（出所）総務省HPより筆者作成

一方、平成の大合併は、1990年代後半からの地方分権の議論が高まり、「国と地方自治体は対等である」と言われていた頃に行われました。合併は地方自治体の判断に委ねられました。「合併の是非」を問う住民投票や住民アンケートを行った自治体も多くありました。つまり、政府は合併を推進したくても、自治体の意向を尊重せざるを得なかったのです。

合併後の融和に必要な膨大なエネルギーと時間

平成の大合併から約20年が経ちました。評価はどうだったのでしょうか。総務省の「『平成の合併』について」（2010年）では、「合併後3~4年しか経ってない時点での評価」との断り付きですが、住民の反応は「合併して悪くなった」、「合併しても住民サービスが良くなったとは思わない」、「良いとも悪いとも言えない」といった声が多く、相対的に否定的評価がなされていると述べています。

私が市長に就任したのは、合併8年目でした。その頃、特に旧町村の住民の皆さんから、「中心部に比べて寂れている。もっと周辺部の振興を」という声を多く聞きました。合併した市町では、どの市長や町長も合併前の市町村に配慮しながら自治体を運営しています。しかし、実際には合併後の融和策に苦労しているように感じます。

合併市町の運営の難しさは合併形態によっても違うと思います。合併形態には、「一強型」と「並列型」があります（私の造語です）。一強型は大きな市と周辺町村が合併するケースで、大きな市への「編入」と「対等合併」がありますが、実態的にはほぼ同じです（浜田市は対等合併でした）。並列型は、ほぼ同規模の町村が合併し、新しい市や町ができるケースです。合併「市」は一強型が多く、並列型は少ないです（島根県では、一強型7市、並列型1市です）。一強型と並列型、運営がより難しいのは並列型のような気がします。

一強型の場合、そもそも旧「市」に人口が集積しており、高等教育機関、中核医療機関、文化施設、大型商業施設などがあります。周辺の旧町村から、通勤・通学で通う人もいます。旧町村からの「周辺部も振興を」という声には配慮しなければなりませんが、施設整備も種類によっては、利便性などから市の中心部にしたほうがいい場合もあり、最終的には理解してもらえると思います。

ところが並列型は、常に地域間のバランスに配慮しなければなりません。並列型の市町には、「分庁方式」といって、行政機能を合併前の町村に分散させているところもあります。例えば、○○課は旧△△町の庁舎に置き、◎◎課は旧××町の庁舎などです。また、新たな行政施設、例えば給食センターをどこに置くかなども難しい問題です。給食センターを「旧○

○町に置く代わりに、次の行政施設は旧△△町に」という約束をして住民や議会の了解を得ているところもあります。

合併後の市町では、様々な融和策が行われました。例えば浜田市では、新たに市民憲章や市民歌を制定し、市民表彰制度を創設、地域協議会も設置しました。しかし、融和には長い時間がかかります。各市町村で行われていた消防出初め式と成人式（現・二十歳の集い）の統合に10年、旧市町村に設置していた自治区制度の見直しに15年、消防団の再編統合に17年かかりました。しかし、それぞれ4カ所ある給食センターや火葬場の統合は、市域が広いこともあり、まだまだ時間がかかりそうです。

村が町に、町が市になるための要件

市町村合併をすれば、村が町になることができ、町が市になることもできます。

町（あるいは村）が市になるには、「人口5万人以上」や「中心市街地の戸数が6割以上」などの要件が必要です（地自法8条1項）。このうち人口要件は、平成の大合併推進の観点から「合併した団体に限り3万人以上」に引き下げられました（市町村の合併の特例等に関する法律7条）。

一方、村が町になる要件は、「都道府県の条例で定める要件を具えていること」とされています（地自法8条2項）。人口要件は、都道府県によってまちまちです。「4千人以上」から「1万人以上」まであります。ちなみに島根県では「8千人以上」とされ、かつて10あった村の多くが平成の大合併でなくなり、現在、残っている村は一つだけです（隠岐諸島の知夫村）。

旧・浜田市の周辺にも「弥栄村」がありましたが、合併で新しい浜田市になりました。村という呼び方を地名に残す選択肢もありましたが、住民の意向で「弥栄町」になりました。今でも、村という呼び方は、何か日本人の心のふるさとのようなノスタルジーを感じます。村になって、観光振興のためには村のほうがよかったのでは、という意見が出ています。

ところで、合併後に人口減少が進み、「市」の基準人口を下回ったらどうなるでしょうか。例えば、人口が4万人になったら？　答えは、「市のまま」です。全国的に人口減少が進むなか、人口要件を厳格に運用したら、市でなくなるところが続出して大混乱し、市名の変更に膨大な事務と費用負担が発生するからだと思います。

政令指定都市とは何か？

企業には、資本金や従業員数に応じて大企業、中堅企業、中小企業の区分がありますが、市においても、人口規模が多い順に「政令指定都市」、「中核市」、「施行時特例市」という区分があります。その他の市は、通常、一般市と呼ばれています。人口規模の大きい市も、同じ市であることには変わりありませんが、一般市とは認められる所管事務に違いがあります。

政令指定都市は、政令で指定する「人口50万人以上の市」のことです（地自法252条の19）。通常、政令指定都市と呼ばれますが、法律上は「指定都市」と規定され、道府県と同等の行財政能力が求められます。法律上の要件は「人口50万人以上」ですが、実務上の扱いは異なります。かつては「人口100万人以上」とされていましたが、その後「80万人以上」となり、近年は「70万人以上」が指定されています。

指定都市は、制度が導入された1956年には、大阪市、名古屋市、京都市、横浜市、神戸市の5都市でしたが、現在は、20都市が指定されています（図表2－3）。指定都市では「大都市に関する特例」（地自法252条の19）によって、仮に一般市であれば都道府県が行う事務の「概ね8割程度の事務」を行っています。児童福祉、生活保護、母子保健、食品衛

図表2-3　指定都市・中核市・施行時特例市

	指定都市（20）	中核市（62）	施行時特例市（23）
北海道	札幌	函館、旭川	
東北	仙台	青森、八戸、秋田 盛岡、山形、福島 郡山、いわき	
北信越	新潟	富山、金沢、福井 長野、松本	長岡、上越
関東	横浜、川崎 相模原、千葉 さいたま	八王子、横須賀 川越、川口、越谷 船橋、柏、水戸 宇都宮、前橋 高崎、甲府	平塚、小田原 厚木、茅ヶ崎 大和、熊谷、所沢 春日部、草加 つくば、伊勢崎 太田
東海	静岡、浜松 名古屋	豊橋、岡崎、一宮 豊田、岐阜	沼津、富士 春日井、四日市
近畿	京都、大阪、堺 神戸	大津、豊中 東大阪、吹田 高槻、枚方、八尾 寝屋川、奈良 和歌山、姫路 尼崎、明石、西宮	岸和田、茨木 加古川、宝塚
中国	岡山、広島	倉敷、呉、福山 下関、鳥取、松江	
四国		高松、松山、高知	
九州	北九州、福岡 熊本	久留米、長崎 佐世保、大分 宮崎、鹿児島 那覇	佐賀

2024年4月1日現在
（出所）全国市長会『市長MEMO 2024』

生、結核予防など市民の健康や福祉に関する事務、区画整理に関する事務などです。

指定都市には、「区」を置くことができ、「行政区」と呼ばれます。特別区である東京都の区とはまったくの別物です。東京都の区長は住民選挙で選ばれますが、指定都市の区長は市長に任命される一般職の職員です。また、東京都の区には区議会がありますが、指定都市の区にはありません。指定都市の区役所は「市の支所」と考えたほうがいいかもしれません。

人口20万人以上の中核市と施行時特例市

「中核市」は、地域の中核的都市に都道府県事務を移管し、地方分権の受け皿とするために、1994年の地方自治法の改正によって創設されました。当初は「人口30万人以上」のほか、市の面積、昼夜人口比率などの条件がありました。その後、何度か法改正され、現在は「人口20万人以上」のみが定められています（地自法252条の22）。

中核市の所管事務は、「指定都市が処理できる事務のうち、都道府県が一体的に処理することが効率的である事務を除き、中核市に移譲する」とされています（地自法252条の22）。代表的なのが保健所業務です。保健所は乳幼児の保健衛生、インフルエンザや新型コロナなどの伝染病対策、調理師免許の交付、飲食店の営業許可、理・美容院の営業許可、水質検査や公害対策などを担当しています。

中核市の指定を受けるには、市議会の議決を経たのち、都道府県知事の同意を得て国に申し出、政令によって指定されます（地自法２５２条の24）。現在、中核市には62市が指定されています。

２０００年に施行された地方分権一括法によって創設された制度に、「特例市」があります。人口20万人以上が要件でしたが、２０１５年に中核市の人口要件が20万人以上に見直されたのに伴い廃止されました。ただし、制度廃止時に特例市であった市のうち、中核市等に移行しなかった市は「施行時特例市」と呼ばれ、経過措置として従来通りの事務処理を行っています。施行時特例市は、２０２４年４月現在、23市です。

このように人口規模の大きい「市」には、本来は都道府県が行う事務の一部が移譲されています。これは、指定都市や中核市などは、単に人口が多いだけではなく、財政規模が大きく職員数も多いことから、「様々な事務処理や業務に対応できる」と見なされているからです。

役所の組織は、どうなっているのか

地方自治体は、一般に役所（市役所、町村役場）と言われますが、法律用語では地方公共団体と言います。地方公共団体は、「地方公共団体の長」と「委員会または委員」が「執行機関」（地方公共団体の事務を管理、執行する機関）として、それぞれが権限を有し、行政運営を行っています。理解しにくいかもしれませんので、市を例にお話しします。

「地方公共団体の長」である市長は、大きな権限を持っており、広範囲の事務を処理しなければなりません。しかし、実際には市長一人ではすべての事務を行えません。そこで、多くの職員が市長を補助して事務処理や意思決定などを行います。これらの職員を市長の補助機関と言います。地方自治法では、補助機関として「副市長」、「会計管理者」、「職員」が規定されています（地自法154条、161条、168条、172条）。

副市長は市長を補佐し、職員の担任する事務を監督し、市長の職務を代理します（地自法167条）。定数は条例で定めますが、一般市では1人が多く、指定都市や中核市などでは、2〜3人が一般的です。会計管理者は、文字通り会計の管理者で、現金や有価証券などの出納・保管を行い、決算を調製（作成）し市長に提出します（地自法170条）。部長、課長、係長などの一般職の職員も市長の補助機関として位置づけられています（地自法172条）。

もう一つの執行機関である「委員会」や「委員」は、政治的中立が求められる分野などで、市長から独立して職務を執行します。市に設置されるものでは、「教育委員会」、「選挙管理委員会」、「公平委員会」、「監査委員」、「農業委員会」、「固定資産評価審査委員会」があります（地自法180条の5第1項、3項）。

特に大きな役割を果たしているのが教育委員会です。教育機関（小中学校など）の設置・管理、学校給食、社会教育（生涯学習）、スポーツ、文化財保護などを所管し、「教育長」および「教育委員」で構成されます。教育委員は原則4人ですが、指定都市では5人以上も可能です。教育長および教育委員は、市長が市議会の同意を得て任命します。任期は、教育長は3年、教育委員は4年です。

例として、浜田市の組織をお話しします。職員は613人です（2024年4月1日）。組織は、市長の下に副市長が1人、その下に、部長、課長・室長、係長などで構成されています。組織数は部が9、課・室が75、係が154です。部には市長部局（市長が上司）の総務部、地域政策部、健康福祉部、市民生活部、産業経済部、都市建設部があります。そのほか、教育

図表2-4　浜田市の組織

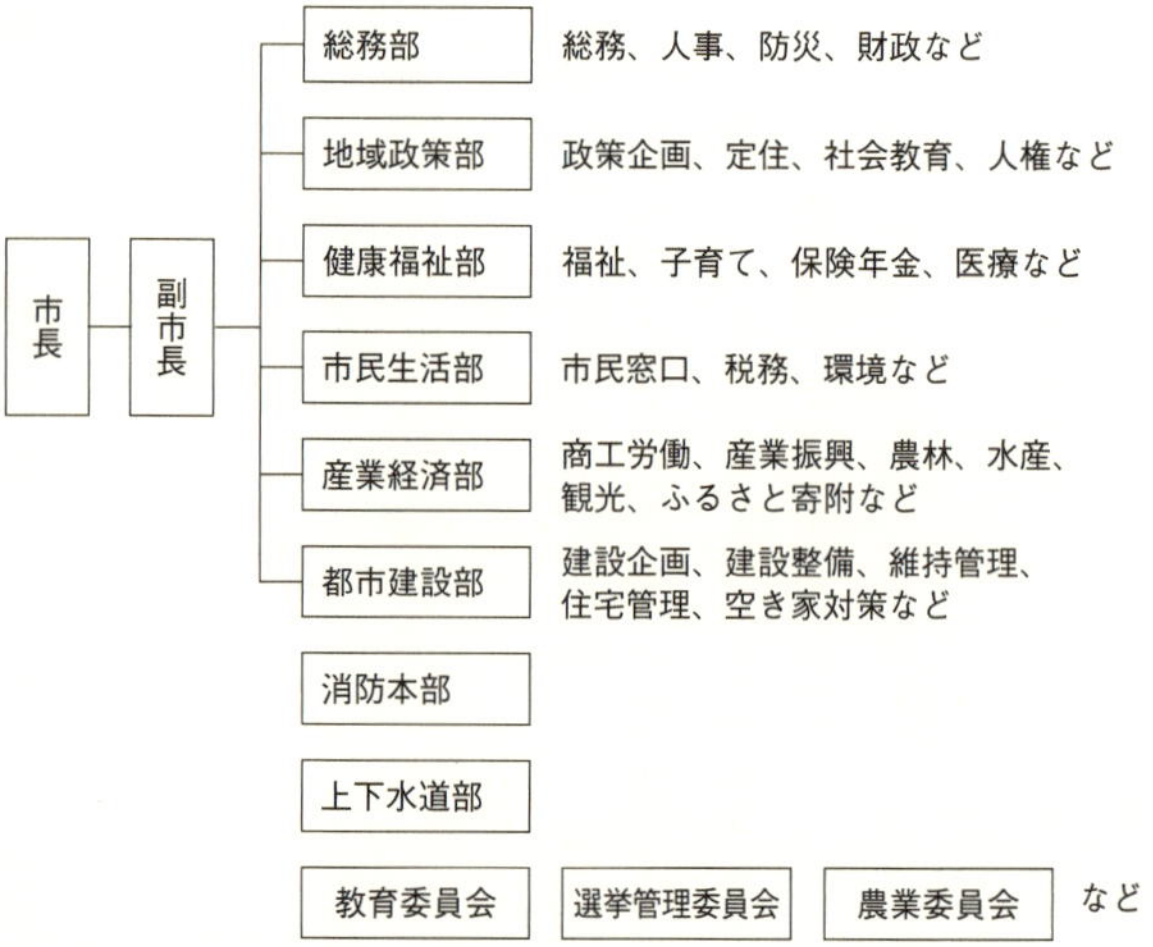

2024年4月1日現在

長直属の教育部、市長が管理する上下水道部、消防本部があります。また、合併前の旧町村に四つの支所を設置し、支所長には部長級職員を配置しています。そして委員会には、教育委員会、選挙管理委員会、公平委員会、監査委員、農業委員会、固定資産評価審査委員会があります（図表2－4）。

市のトップである「市3役」の役割

市行政のトップについて詳しく説明します。一般に、市長、副市長、教育長を「市3役」と言います。かつては、市長、助役、収入役が「市３役」で、これに教育長を加えて「市４役」と呼ぶ場合もありました。しかし、２００７年の地方自治法の改正で、助役制度と収入役制度が見直され、助役に代わって「副市長（町村は副町村長）」が、収入役に代わって一般職の「会計管理者」が設置されました。

このうち、市長選挙で最多の票を獲得した人が市長に就任します。議会の同意は必要ありません。ところが副市長は、市長が「選任」しますが、議会の同意がなければ就任できません（地自法１６２条）。また教育長も、市長が「任命」しますが、やはり議会の同意が必要です（地方教育行政の組織及び運営に関する法律４条１項）。

副市長と教育長は、なぜ議会の「同意」が必要なのでしょうか。副市長は、市長の補佐だけでなく、市長の命を受けて政策や企画を担当し、市長に万一事故があった場合などには、職務代行者として市長の代理を務めます（地自法１６７条）。そのため「市長の代わりが務まる者」かどうか、議会の同意が必要となっているのです。

次に教育長です。かつては市長が任命した非常勤の教育委員の中から、教育委員会が常勤の教育長を任命する、という制度でした。しかし、２０１４年の法改正（地方教育行政の組織及び運営に関する法律）で、市長が教育長を直接任命することになりました。とはいえ、教育長は市長の部下ではなく、市長の指揮監督も受けません。教育行政のトップという重責を担っており、資質や能力をチェックする必要があり、議会の同意が求められているのです。

ところで任期は、市長と副市長は4年ですが、教育長は3年です。教育長は、かつては4年でしたが、2014年の法改正で3年とされました。「市長の任期中（4年）に少なくとも一回は市長が教育長を任命できること、教育委員（任期4年）によるチェックができること、その一方、計画性を持って一定の仕事をやり遂げるには3年は必要」という理由だそうです。

なお、市3役は特別職の公務員で、このうち市長と副市長は勤務時間の縛りはありません。出退勤は自由です。しかし教育長は、小中学校などを所管する教育行政のトップであり、浜田市の場合、市で条例をつくり、他の一般職と同様の勤務時間としています。

「憲法の尊重」と「全体の奉仕者」を宣誓する

地方公共団体に雇用される者を「地方公務員」と呼びます。地方公務員には特別職と一般職があります。特別職には地方公共団体の長、議会の議員、地方公営企業の管理者、消防団員などがあります。一般職は、特別職以外の職にある者です（地方公務員法3条2項、3

項）。通常、自治体職員（以下、職員）という場合には、一般職の地方公務員を指します。

職員には、「正規職員」と「会計年度任用職員」があります。正規職員は常勤の職員で、通常、定年まで働くことができます。一方、会計年度任用職員は、2017年の地方公務員法の改正により導入され、一会計年度を超えない範囲内で置かれる非常勤職員です。有期雇用で、1回の任期が会計年度を超えることはありませんが、任期の更新が認められています。

正規職員の採用は、「競争試験による」と定められています（地公法17条の2第1項）。これは、不公正な、いわゆる情実採用を防止し、地方公務員に相応しい職員を採用するために、試験を行って採用するということです。採用試験に合格した者は、「6か月の条件付」で採用されます。この期間を良好な成績で勤務すると晴れて正式採用となります（地公法22条）。なお、会計年度任用職員の場合は、条件付採用期間は1か月です（地公法22条の2第7項）。

地方自治体の正規職員に採用（条件付採用）される際には、民間企業では「まず、ないであろう」ことが行われます。それは、宣誓し、宣誓書にサインして市長に提出することです。地方公務員法には、「職員は、条例の定めにより服務の宣誓をしなければならない」（地公法31条）とあります。浜田市では条例で、「新たに職員になった者は、宣誓書を任命権者

（市長）に提出してからでなければ、職務を行ってはならない」と規定しています。

浜田市の宣誓書には、二つのポイントがあります。一つは、「日本国憲法を尊重し擁護すること」、もう一つが「全体の奉仕者として誠実かつ公正に職務を執行すること」です。前者の「日本国憲法を尊重し擁護する」は分かると思いますが、後者の「全体の奉仕者」とは、一体、どういうことでしょうか。

市役所には、市民や事業者などから、様々な要望などが寄せられますが、特定の個人や事業者だけが利益を得るようなことであれば、対応すべきではありません。しかし、市民「全体」のためになる要望であれば、実現に向けて努力すべきです。全体の奉仕者とは、常に市民全体のため（あるいは国民全体のため）かどうかを考えて行動すべき、という意味です。

職員は、公務員としての身分が保障される一方で、守らなければならない様々な義務等があり、これも地方公務員法で規定されています。いくつかを例示しましょう。

①法令遵守と職務命令服従義務（法令、条例、地方公共団体の規則などの遵守。上司の職務上の命令に従う。地公法32条）
②信用失墜行為の禁止（職の信用を傷つけたり、職全体の不名誉行為をしない。同33条）
③秘密を守る義務（職務上知り得た秘密を漏らしてはならない。同34条1項）

④職務専念義務（勤務時間は注意力を職責遂行のために用いる。副業の禁止。同35条）
⑤政治的行為の制限（政党や政治団体の結成関与、役員就任、勧誘を行ってはならない。特定の政党、団体、選挙における特定の人を支持してはならない。同36条1項、２項）

などです。

これらの義務には、民間企業でも課せられているものもありますが、地方自治体の職員の場合は法律に明記されているのです。

日本全国の市長が結集して政府に要望

地方自治体が抱える課題には、全国の自治体に共通するもの、単独の自治体では解決が難しい問題もあります。そうした課題や問題に対応するために、自治体トップによる全国組織がつくられ、連携・協力して調査・研究し、国会や政府等に提言、要望を行っています。

全国組織には、都道府県の知事で構成される全国知事会（１９４７年設立）、都市自治体（市と東京23区）の市長・区長で構成される全国市長会（１８９８年、前身の関西各市聯合協議会創立）、町村長で構成される全国町村会（１９２１年設立）があります。この他にも、地方議会の議長で構成される全国都道府県議会議長会、全国市議会議長会、全国町村議会議長会があり、これらを合わせて地方六団体と言います。

この中で最も歴史があり、最大の規模を誇る全国市長会は、792の市と23の東京特別区の計815の都市自治体で構成されます。東京23区は、2000年の地方分権一括法により基礎自治体とされ、全国市長会に加わりました。全国の市区長が抱える共通の課題や緊急に対応が必要な事項などについて、国会や政府等に対して提言や要望を行っています。

その流れを説明します。市長会には、都道府県市長会（47都道府県に設置）、支部市長会（北海道、東北、北信越、関東、東海、近畿、中国、四国、九州の9支部に設置）、全国市長会があります。まず各市区長からの要望が都道府県市長会に提出されます。都道府県市長会では、それを整理し、支部市長会に提出します。支部市長会は、各都道府県市長会の要望を整理し、全国市長会に提出します。

全国市長会の総会（全国市長会議）は例年6月に開催され、9つの支部から提出された要望を整理し、総会で承認を得たのち、「全国市長会としての提言・要望」にまとめられます。その後、全国市長会の会長、副会長などで、国会や政府等に要望活動が行われます。

島根県市長会が所属する中国支部の例で説明します。中国支部では、2024年度、島根県から10件、鳥取県から9件、岡山県から8件、広島県から9件、山口県から4件の計40件の要望が提出されました。これを、５月に開催された中国市長会（中国支部の市長会名）で、「行政・財政関係」、「文教・厚生関係」、「建設・経済関係」の三つに整理し、中国支部の要望として10件にまとめ、全国市長会に提出しました。

２０２４年６月に開催された全国市長会総会で承認されたのは決議案６件、重点提言24件、提言48件です。このうち、決議は緊急かつ優先度が高いもので、①令和６年能登半島地震の復旧・復興、②デジタル社会の推進と新たな地方創生の実現、③都市税財源の充実強化・地方分権改革の推進、④国土強靭化、防災・減災対策等の充実強化、⑤東日本大震災からの復興及び福島第一原子力発電所事故からの復興、⑥参議院議員選挙制度改革の６項目で、加盟８１５都市自治体の総意として、国や政府等に要望されました。

第3章

首《くび》長《ちょう》と議会が2大プレーヤー

地方自治体のトップを「首長」と言う

地方自治体の行政運営を担う2大プレーヤーは、首長と地方議会（以下、議会）です。首長と議会のそれぞれの役割、議会のしくみと運営方法、さらに首長や地方議会議員（以下、地方議員）の待遇や経歴などについてお話しします。

自治体関係者が、「うちのクビチョウは……」と話すのを聞いたことはないでしょうか？私は、市長選挙に出馬する1年ほど前、知り合いの市長さんと話をしていた時に初めてこの言葉を聞きました。話の流れから、どうも市長のことらしいと思いましたが、その時は、組織の長という意味で「組長《くみちょう》」だと思っていました。後日、念のためにと辞書で調べて、「首長」だと分かりました。

地方自治体のトップを、自治体関係者は首長と言います。本来の読み方は「しゅちょう」ですが、通常、「くびちょう」と読みます。市立《しりつ》高校の「市立」を「いちりつ」と言うのと同じです。首長は、行政機関の責任者を指す用語で、都道府県の知事、市町村は市町村長を指します。首長は、地方自治体の最高責任者です。首長（法律用語は「地方公共団体の長」）は、地方自治体の住民によって直接選挙で選ばれます（憲法93条2項）。

首長には、二つの権限が与えられています。地方公共団体を「統轄し、代表する」ことと、地方公共団体の「事務を管理し、執行する」ことです（地自法147条、148条）。前者の「代表する」とは、地方公共団体の行為を対外的に行う権限のことで、例えば、各種の許認可を与えたり個人や団体を表彰する時、市町村長名で行います。後者の「事務の管理、執行」は、住民サービスなどの自治体事務を行う「役所の責任者」という意味です。

首長の役割について、地方自治法では、「概ね次に掲げる事務を担任する」とあります（地自法149条）。主なものは、①議会への議案の提出、②予算の調製（作成）、執行、③地方税の賦課徴収、分担金・使用料・手数料等の徴収、④決算を議会の認定に付すことです。この他にも、「会計の監督」、「財産の取得、管理、処分」、「公の施設の設置、管理、廃止」、「証書・公文書類の保管」などがあります。

予算を提出できるのは首長だけ

首長の役割に関して最も留意すべき点は、首長だけが自治体予算を議会に提出できるということです。

地方自治体の政策や施策は、首長や議会（地方議員）から提案されます。しかし、その政策や施策に取り組もうとすれば、通常、予算が必要となります。その予算を作成し、議会に提出できるのは首長だけです。議会には、予算の提出権はありません（地自法112条1項）。これは、予算を伴う政策や施策の場合、それに取り組むかどうかを決める権限は「首長だけにある」ということを意味します。

首長は、自らの判断で予算を伴う政策、施策に取り組むことができます。政策に優先順位をつけ、どの施策にどれくらいの予算をつけるかを決め、予算案を作成して、議会に提出する権限を持っています。従って、首長や地方議員が政策や施策を公約として掲げて選挙に立候補した場合、本来、公約を実行できるのは首長だけなのです。議会は、首長から提出された予算を修正することは可能ですが、首長の提案権を侵すような修正はできません。

では、議会（地方議員）が、政策や施策を実現させるには、どうすればよいのでしょうか。

議会には条例の提出権があり、条例案として提案することができます。しかし、予算を伴う条例案は、予算措置が的確に講ぜられる見込みが得られるまで、議会に提出できません（地自法222条1項）。従って、現実には、予算を伴う政策や施策は首長に予算提出を働きかけることになります。具体的には、首長に対し政策提言を行ったり、会派代表質問や個人一般質問で「○○に取り組むべき」と質問し、関連予算を提出してもらうのです。

議会は住民の代表であり、その意見は極力尊重すべきです。しかし、予算には限りがあります。議会からの提案や意見に対し、予算提案を行うかどうかは首長の判断です。首長が、「よし、やろう」と判断する場合もあれば、「他にも優先すべきことがある」などの理由で見送る場合もあります。言うまでもありませんが、首長が予算提案を行わなければ実施されません。議会からの提案や意見の実現性は、首長にかかっているのです。

予算の最終決定者は議会

では、「自治体の予算を決めるのは首長か」というと、そうではありません。実は、予算の最終決定者は議会なのです。

日本国憲法では、地方公共団体に議事機関として議会を設置すること、議会の議員を住民が直接、選挙で選ぶことを定めています（憲法93条）。設置された議会の主な役割は、次の三つを決定することです（地自法96条）。

①条例を設け、改廃すること
②予算を定めること
③決算を認定すること

このうち、①の条例の議会への提出権は、議会だけでなく首長にもあります（地自法149条）。しかし、②の予算は、確かに議会への提出権は首長にありますが、認めるかどうかの決定権があるのは議会です。もし、議会の過半数が反対すれば、当然ながら予算は認められません。③の決算についても、会計管理者が作成し監査委員の審査を受けたあと、最終的に議会の認定を受けなければなりません（地自法233条）。

地方自治体が施策に取り組む時には、通常、予算を伴います。首長が、「住民福祉のために必要な施策」、「わが自治体の将来にとって必要な施設」と考えて予算案を提案したとしても、予算の決定権のある議会の賛同が得られなければ、実施することはできません。また、予算執行のあとでも、予算の使い道が適切だったかどうか、決算認定の段階でチェックされます。議会は「チェック機能」と言われますが、こういうしくみだからです。

議会のチェックはその他にもあります。例えば、検査権、調査権などの権限が与えられています。検査権は、地方自治体事務の管理、議決の執行や出納について検査する権利です（地自法98条1項）。調査権は、地方自治体の事務に関する調査を行い、関係人の出頭、証言、記録の提出を請求できる権利です（地自法100条）。

調査権は百条調査権と言われ、国会における国政調査権（憲法62条）の地方議会版とも言えるもので、民事訴訟法の証人尋問の規定が準用される極めて強力な権限です。百条調査権に基づく調査は、通常、特別委員会の一つである百条委員会を設置して行われます。

議会の承認を得ずに決定できる専決処分

予算を提出できるのは首長だけで、その予算を認めるか認めないかの決定を行うのは議会ですが、実は、議会の議決を得ないで首長が決定できる「専決処分」という制度があります。首長が専決処分を行うことができるのは、次の場合です（地自法179条1項）。

①会議を開くことができない（議会が定足数を満たさない、など）
②緊急を要するため、議会を招集する時間的余裕がない
③議会が議決すべき事件（一般には「議案」と言います）を議決しない

このうち、最も多いのは②の「緊急を要する」場合です。例えば、土砂崩れが発生し道路が通行止めになり急ぎ土砂を取り除かなければならない、想定外の大雪で急ぎ除雪が必要になった、などの場合です。記憶に新しいところでは、コロナ禍にあって、ワクチン接種に伴う予算について「緊急を要する」として専決処分を行った自治体も多くありました。

首長が専決処分を行った場合には、その旨を、議会の次の会議において報告し、承認を求

めなければなりません。緊急を要する場合の予算は、ほとんどの場合、議会で承認されます。しかし、まれにではありますが議会が専決処分を承認しないこともあります。その多くは、③の「議会が事件を議決しない」として行われた場合です。

かつて、九州の某市の市長が副市長の選任を含む10数件の専決処分を行い、市議会が混乱したことがありました。これが契機となり、2012年に地方自治法が改正され、副知事や副市町村長の選任同意が専決処分の対象から除外されました（地自法179条1項ただし書）。また、条例の制定・改廃や予算措置の専決処分について、議会が不承認とした場合には、「首長は速やかに必要な措置を講じ、議会に報告しなければならない」とされました（同条4項）。

この専決処分、確かに制度としてはありますが、あくまでも緊急措置と考えるべきです。議会には、定期的に開催される定例会のほかに、必要がある場合に招集される臨時会があります（地自法102条）。急に発生した議案についても、極力、臨時会を開催し、議会で審議するのが基本です。少なくとも専決処分の乱用は慎むべきだと思います。

二元代表制と議院内閣制の大きな違い

わが国の地方政治の最大の特徴は、「二元代表制」がとられていることです。二元代表制とは、首長と地方議員が、別々に住民による直接選挙で選ばれるしくみです。ともに住民を代表するという意味で、二元代表制と言われます。地方議員のスタンスは、首長とは別に住民に選ばれていることから、首長提出議案に対しては「是々非々で対応」というのが基本です。

これは国政とは大きく異なります。わが国の国政では、「議員内閣制」がとられています。選挙で選ばれた国会議員の中から内閣総理大臣（通称は首相）が選ばれるしくみです。通常、内閣総理大臣は、過半数を占める与党の国会議員の中から選ばれます（図表3−1）。国会での議案提出権は内閣総理大臣にありますので（憲法72条）、提出された議案は、仮に野党の強い反対があっても、よほどのことがない限り与党の賛成多数で承認されます。

このように、国会においては、政府提出議案が不承認になることはめったにありません。仮に国会で白熱した論戦があったとしても、野党が強く反対したとしても最終的にはほとんど承認されます（与党が過半数を下回る、いわゆる「少数与党」の場合はそうとも言えません）。ところが、二元代表制がとられている地方議会では、首長提出議案に対して、「是々

図表3-1　政治体制の違い

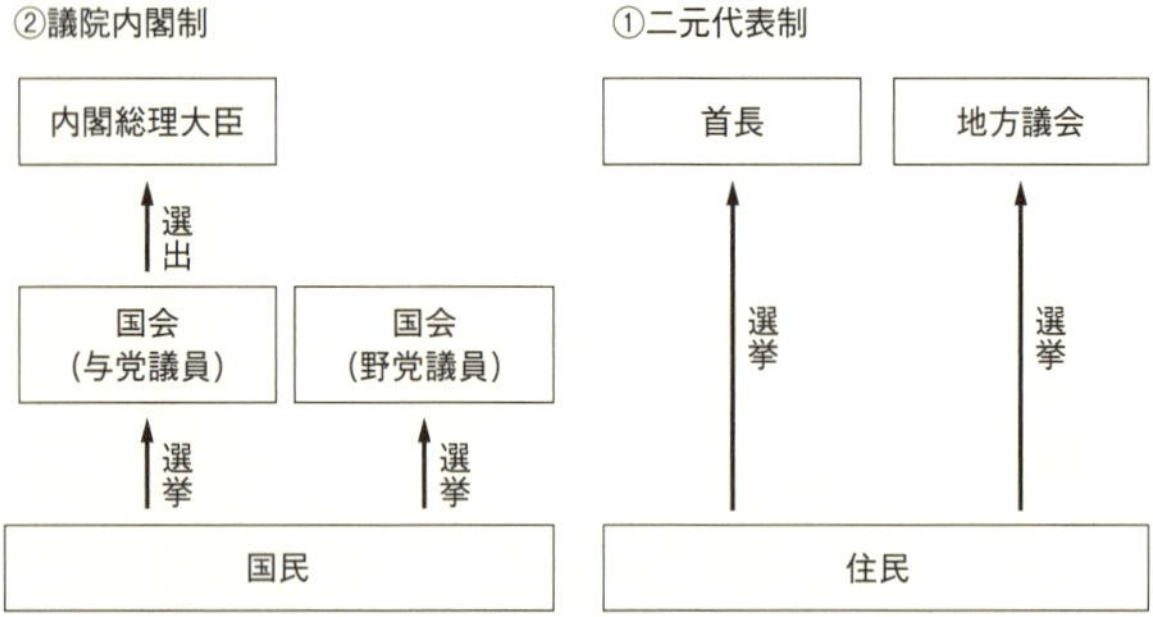

（出所）筆者作成

非々」の立場をとる議員から強い反対があったり、時には不承認になることもあります。

もし、議案が議会で不承認となった場合、「再議」という制度があります。再議とは、首長が、議会による議決に対して異議がある場合に要求することができる権利です（地自法176条）。首長が議案を再議に付したら、議会は、再度同じ議決（不承認）を行うためには、予算・条例の場合は「出席議員の3分の2以上」の同意が必要になります。

しかし、この再議は、制度としてはありますが、実際に実行されることは極めて稀です。通常、首長が議案を議会に提出する時には、できるだけスムーズに承認してもらえるように、会派代表議員などに事前説明を行うなどの「議会対策」を行っています。その結果、多くの場合、賛成多数で承認されます。従って、提出した議案が議会で不承認となり、再議に付さざるを得ないような時には、首長と議会が、激しく対立しているような場合です。

自治体によって異なる首長と議会との距離感

全国市長会などで、他の市長と交流する際、お互いよくする質問に「議会との関係は、いいですか？」があります。「いいですよ」という人もいれば、「大変です」もあります。「関係がいい」という自治体は、首長提出議案に対し、市議会が比較的スムーズに承認してくれるところです。「大変です」は、結構、厳しい質問や反対があり、議案を通すのに苦労している自治体です。

議会との関係が「大変」な自治体には、特徴があるように思います。私の経験から言えば、市を二分、三分するような激しい市長選挙戦が行われたところは、結構、大変です。中でも、現職首長を破って新人が当選した場合は特に大変です。市議会には、負けた現職を応援していた議員もいて、こういう人は新首長に厳しく対応する傾向にあります。いわゆる、「選挙のしこりが残る」という状況が、しばしば見られます。

ところで、地方議会においては、与党、野党があるのでしょうか？　結論的に言うと、国会のような与党、野党はありません。与党とは、「政権を担当している政党」という意味です。議員内閣制がとられる国会においては、「自分たちの政党から内閣総理大臣を選出し、政権運営を行っている政党＝与党」があります。しかし、二元代表制の地方自治体の場合、首長は直接公選で選ばれており、議会から指名されるのではありません。従って、国会で見られるような与野党関係は、しくみ的には存在しません。

しかし、実際には地方議会にも与野党に近い関係が存在しています。地方議会には通常、「会派」があります。会派は、地域の政治・行政について同じような考え方、意見を持った議員の集まりです。必ずしも、国政における政党と対応しているわけではありません。会派は、新人議員が先輩議員から様々なことを学ぶ場でもあります。議会の議決は多数決で行われるため、会派で行動したほうが首長に対して圧力をかけることもできます。

この会派には、一般的に首長を応援するところもあれば、首長と距離を置くところもあります（中には、全会派が首長を応援する「オール与党」的な自治体もあります）。二元代表制では、最終的に議会の承認を得なければ、首長は自分の考える政策や施策を行うことができません。当然ながら、首長を応援する議員が多ければ多いほど、議会運営はスムーズです。首長にとって、議会との関係構築は市政運営を行う上で大変重要です。

議会があるから健全な市政運営が行える

私は学生時代、期末・学年末試験の度に、「試験がなければ、学生生活はもっと楽しいのに」と思っていました。

では、首長にとって議会はどういう存在でしょうか。首長も議会も憲法で規定されており、重要な役割を担っています。当然ながら、首長は議会の役割を十分認識しています。しかし、議案を通すのに苦労している自治体の首長は、本音では「議会がなければいいのに」と思っているような気もします（現実には、あり得ないことですが）。

前に二元代表制の話をしましたが、議会を構成する議員も、市長と同じく市民から選ばれています。市議会の議員には、市民の声を代弁し、市政のチェックを行うという重要な役目があります。

確かに、首長は、どのような施策に取り組むかを決めることができます。当然ながら、首長は、その施策が必要と考えたから、予算案を提案したはずです。しかし、その施策は本当に必要なものか、予算額は妥当なのかをチェックし、施策の予算を最終的に決定するのは議会です。

したがって私は、議会で厳しい質問があったり、反対意見が出たりした時には、「議会があるからこそ、健全な市政運営ができる」のだと、考えるようにしています。

「議会軽視」と言われないよう、良好な関係づくり

市長に就任して間がない頃の話です。トイレに行こうと役所の廊下を歩いていた時に、地元紙の記者に声をかけられました。「○○については、どうするつもりですか?」。私は歩きながら「今度の議会に提案するつもり」と答えました。このテーマ、市にとって懸案事項の一つではありましたが、この一言が大騒ぎになるとは、夢にも思いませんでした。

翌日の新聞に、「浜田市、○○の方針固める」といった内容の記事が掲載されました。その日は朝から大変でした。ベテラン議員を中心に記事を問題視する声が高まり、私は議会から説明を求められました。市議会議長室で議長から、「議会に事前の説明がない。議会軽視だ」と強い口調でクレームがありました。私は経緯を話し、「今後このようなことがないよう、気をつける」とお詫びしました。

この時、市長になって初めて「議会軽視」という言葉があることを知りました。議員には、市政について知る権利があります。メディアに出た時に「知らなかった」となれば、議

員の立場もありません。ひょっとしたら新米市長に「ガツンと一発入れておこう」の意識があったのかもしれません。この件以降、市政に関してメディアに出る可能性がある話は、事前に議会（議長、副議長など）に報告することにしています。

議会と良好な関係をつくっておくことは、市政運営を行う上で大事なことだと思います。予算の決定権は、議会にあるのですから。

地方議員の定数は人口規模に比例する

地方議会には、構成員数を何人にするかという議員定数があります。この定数に対する考え方は、ここ20数年間に大きく変わりました。

1947年に制定された地方自治法では、議員定数が決められていました。しかし、1999年の法改正で、「地方自治法の上限数以下であれば、条例で設定できる」とされました。その後2011年の法改正で上限が撤廃され、完全に自治体に任されることになりました（地自法91条1項）。実際には各地方議会において、議員同士の話し合いで決められています。

地方議員の実数については、毎年、全国市議会議長会が調査しています。この調査によると、全国815市区（792市と23区）の市区議会議員の実数は1万8521人で、1市区あたりは「平均22・7人」です（全国市議会議長会「市議会議員定数に関する調査結果」、2023年調査）。

議員定数は概ね人口規模に比例しています。前述の調査によると、人口5万人未満の市（300団体）の議員数は平均16・5人ですが、5〜10万人未満（235団体）では20・1人、10〜20万人未満（148団体）では25・0人、20〜30万人未満（48団体）では30・5人となっています。さらに人口規模の大きい50万人以上の市区（15団体）では45・5人、「指定都市」（20団体）では58・2人となっています（図表3－2参照）。

ところで、この議員定数、同一市においては、時系列でみると年々減少しています。特に、平成の大合併によって誕生した新たな市においては、合併後の議員定数は合併前に比べて大きく減少しました。その後も、先述した2011年の法改正で定数上限が撤廃されて以降、減少が続いています。そして現在、多くの自治体では人口減少の進展や厳しい財政状況などを背景に、住民から「もっと減らすべき」との声が上がっています。

浜田市の例をお話しします。浜田市は2005年10月1日に合併しました。合併前の1市3町1村の議員定数は合計で76人でした。合併直後の10月23日に新市の最初の市議会議員選

図表3-2　人口段階別にみた市区議会議員数

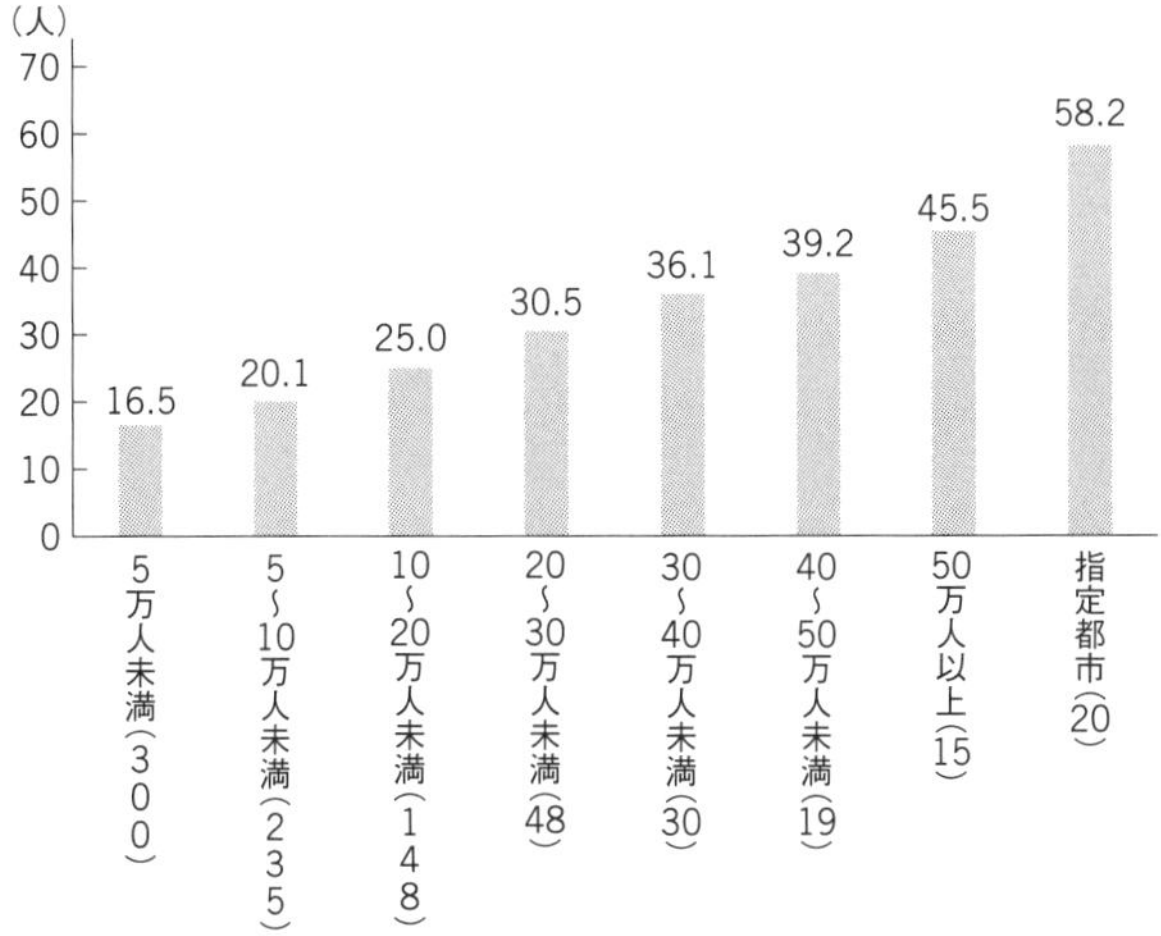

※2023年12月31日現在。（ ）の数字は、市区数。
（出所）全国市議会議長会（2024年）「市議会議員定数に関する調査結果」

挙が行われ、ほぼ半分の36人になりました。議員定数はその後も削減が続き、２００９年10月に28人、２０１３年10月に24人になりました。

しかし、住民からはその後も「もっと減らすべき」の声がありました。そこで、２０２０年、議員定数を協議する特別委員会が設置され、市民の声を聞くためにアンケート調査が行われました。現行の定数24人に対して、最も多かった回答は18人でした。次いで20人、16人の順でした。そうした中、議員同士で協議が行われ、結局、賛成多数で22人となりました。そして、2021年10月の議員選挙から22人となり、現在に至っています。

地方議会には一定数の議員が必要

私は、地方議会には、ある一定数の議員は必要だと考えています。理由の一つは、議員数が少なくなれば、地域や地区の声（困りごとや意見、要望）が首長や執行部に届きにくくなることです。浜田市は、市町村合併で690平方キロメートルという広い市域を有しています（東京23区の合計621平方キロよりも広い面積です）。確かに人口は約5万人ですが、市議会議員には、広い市域に住む市民の声を首長や執行部に届ける役目があります。

二つ目は、常任委員会の審議が機能しにくくなることです。後述するように、地方議会は「委員会中心主義」がとられており、各常任委員会で議案等の審議が行われています。この常任委員会を維持するためには、一定数の議員が必要です。また、常任委員会の委員になった議員は、その分野の専門的知識の勉強をする必要もあります。市政が多様化、複雑化する中にあっては、専門分野に強い議員が必要だと思います。

「議員数が多い」の意見がある中にあって、一定数の議員を確保しようと思えば、議員一人ひとりの日々の活動が重要です。そして議員側にも、自分たちの活動を市民の皆さんに知ってもらう努力が必要です。

浜田市議会は情報公開に積極的に取り組んでいます。定例会議に提出される資料は、事前に市議会ホームページで公開し、定例会議だけでなく常任委員会や全員協議会の模様もユーチューブで配信しています。定例会議終了後には、今回の会議のポイントやトピックス、議案等の賛否の公開、議員が行った一般質問と執行部からの回答、委員会活動レポートなどを掲載した「市議会だより」を年4回発行、全戸配布しています。

住民の声を聞く「地域井戸端会」を各地区で開催し、市民（中学生から大人まで）が市政に意見を言う「はまだ市民一日議会」を開催するなどの取り組みも行っています。個人の立場で、地域協議会や地区住民の集会やイベントに参加する、議員活動レポートを発行する、定期的に議会報告会を行うという議員もいます。

議員としても、市民の声をしっかり執行部に伝え、住民からの陳情の際には紹介議員として同席するなど、市民から見て、「頼られる存在」になることが必要だと思います。

地方議会には定例会と臨時会がある

地方議会の会議には、定例会と臨時会の二つがあります（地自法102条）。定例会は定期的に開催され、開催回数は条例で定められますが、多くの地方議会では年4回です。通常、3の倍数月の3月、6月、9月、12月に開催されます。この中で特に重要なのが3月と9月です。3月の定例会では次年度予算が審議され、9月の定例会では前年度の決算認定が行われ、認定されて初めて決算が確定します。各回の定例会では、補正予算の審議も行われます。

臨時会は、特定の議案を審議するために招集されます。臨時会ではあらかじめ告示された議案に限って審議するのが原則ですが、「緊急を要する議案」に限り、事前の告示がなくても直ちに会議に付議（審議を任せる）することができます。その議案が、緊急を要するかどうかの認定は、議長からの発議、または議員からの動議により、議会で行われます。認定されれば、ただちに会議に付議されます。

2012年の地方自治法の改正で、定例会と臨時会の区別を設けない「通年会期」が可能となりました（地自法102条の2）。通年会期制をとる議会では、1年中いつでも会議を開催できます。しかし、本来の意味での通年会期は、執行部側の負担も大きくなります。実際には、通年会期制採用の自治体の多くは、定例会と同じように3月、6月、9月、12月に会議を開催しているようです（浜田市は通年会期制をとり、定例会のことを「定例会議」と呼んでいます。開催は原則、3月、6月、9月、12月です）。

議会を招集する権限は、首長にあります（地自法１０１条1項）。しかし、首長以外でも議会を招集できます。その一つは、議長が、議会運営委員会の議決を経て、首長に対して臨時会の招集の請求を行った場合です（同条2項）。もう一つは、定数の4分の1以上の議員から、首長に対して臨時会の招集の請求があった場合です（同条3項）。この二つの場合、首長は20日以内に招集しなければなりません（同条4項）。首長が20日以内に臨時会を招集しなかった場合、議長が臨時会を招集することができます（同条5項、6項）。

議会は委員会中心に運営される

地方議会の会議のうち、全議員が出席して開かれるのが本会議です。本会議は、議員定数の半数以上の出席がなければ開くことができません（地自法１１３条）。本会議では、議会提出議案や意見表明についての可否などの最終的な意思決定が行われます。

しかし、議会が処理する分野は広範囲で議案も多くあります。限られた会期の中で、議案や請願・陳情などを本会議だけで審議するのは難しい面があります。そこで専門的かつ詳細に審査するために設置されるのが委員会です。議会に提出された議案は、委員会に付託し（審査を委ね）、委員会で実質的な審議を行い、採決を経て本会議に戻されます。このように、議会運営を委員会中心に行うことを「委員会中心主義」と言います。

議会には条例で常任委員会、議会運営委員会、特別委員会を置くことができます（地自法109条1項）。常任委員会は常設される委員会で、議会から付託された議案、請願（住民が、議員の紹介で自治体に対して行う要望や意見）、陳情（紹介議員を必要としない要望）などを審査します（地自法109条2項）。常任委員会は通常、自治体の事務部門ごとに設けられており、名称は自治体によってまちまちです。浜田市には、総務文教、福祉環境、産業建設、予算決算、議会広報広聴の5つの委員会があります。

議会運営委員会は、議会の運営方法、会議規則や委員会に関する条例、議長の諮問事項などについて協議を行う委員会です（地自法109条3項）。通常、各会派の代表で構成されています。

特別委員会は、議会の議決によって、特に付議された案件について審査する委員会です

（地自法１０９条４項）。浜田市では現在、議会改革推進特別委員会が設置されています。なお、これらの委員会は、議決により、議会の閉会中でも審査を行うことができます（地自法１０９条８項）。

全員協議会もあります。これは、全議員が集まって、自治体行政上の様々な課題について首長や執行部から説明を受けたり、議員同士で話し合ったりする場です。全員協議会は、２００８年の法改正で法的にも認められました（地自法１００条12項および会議規則）。ただし、本会議や前述の委員会とは異なり、議案の審議・審査などは行われません。住民に対し公開するかどうかは、各議会の判断とされています（浜田市では、公開しています）。

議案が提出され、議決されるまで

実際の議会の流れについて、市議会を例にお話しします（図表３－３参照）。

市議会（定例会、臨時会）は、原則、市長が招集します。市長から、議会招集の告示があれば議員は議場に参集します。本会議は、議員定数の半数以上の出席で開催されます。本会議が開会すれば、最初に、議長から会議録署名議員の指名が行われ、会期（何日から何日まで開催）が決定されます。

図表3-3　議会の流れ

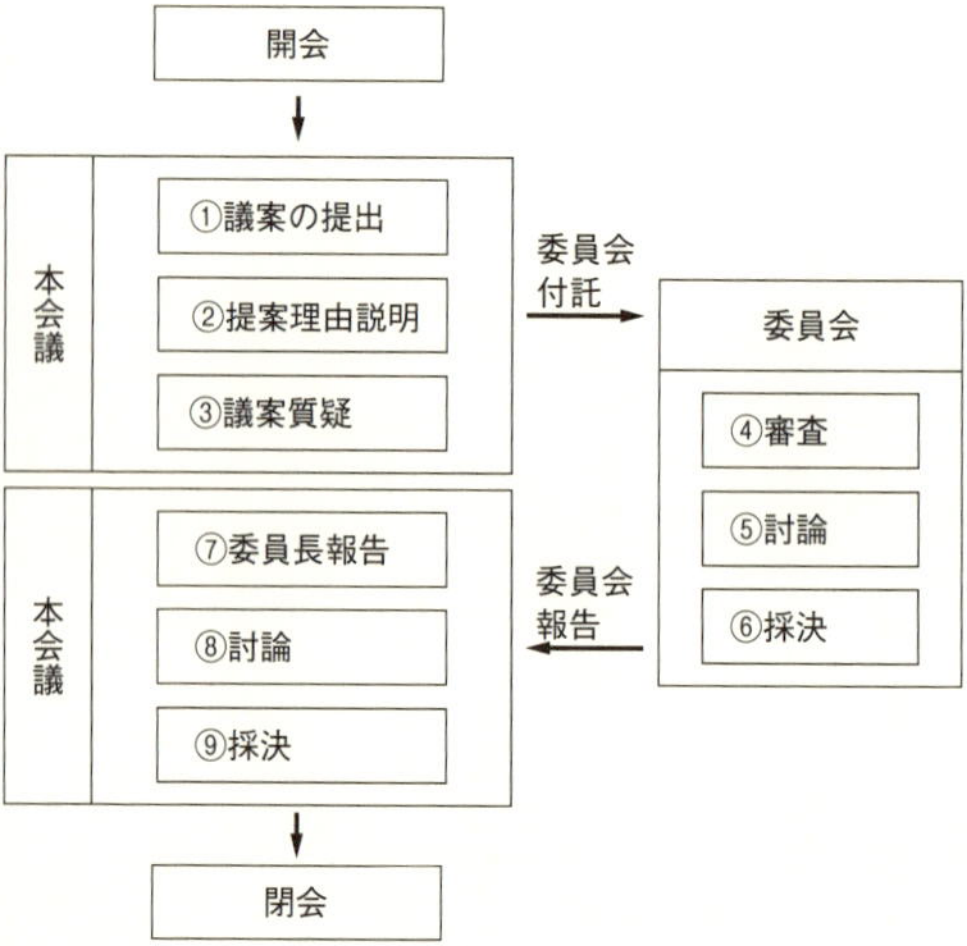

（出所）筆者作成

その後、市長から予算案や条例の改正案など、様々な議案が提出されます（①）。提出議案についての提案理由説明は通常、市長が行いますが、自治体によっては職員が代わって行うこともあります（浜田市は部長クラスが行います）（②）。そして、提案した議案について議員との間で質疑が行われます（③）。質疑は、その議案について提案者に疑義をただすために行われるものです（後述の、質問とは異なります）。

質疑が終われば議長によって、議案ごとに所管常任委員会への振り分けが行われ、委員会に付託されます。議案を付託された各委員会では、議案ごとに審査が行われます（④）。各委員会には、説明のために執行機関の職員が出席し、説明します（浜田市は課長クラスが行います）。委員会には、必要に応じ学識経験者や参考人を招聘し、意見聴取を行うこともできます（地自法109条5項）。その後、委員会の所属議員同士で討論が行われ（⑤）、委員会としての採決が行われます（⑥）。

各所管委員会で採決が行われたあと、本会議において、各所管委員会の委員長から、審査結果の報告が行われます（⑦）。そして、本会議での討論が行われ（⑧）、その後、採決が行われ、議会としての最終的な結論が出されます（⑨）。通常、所管委員会で賛成多数で承認された議案は、よほどのことがない限り本会議でも承認されます。市長提出議案は、こうした流れで審議され、承認・不承認の結論が出され、閉会となります。

「質問」は議員の最も重要な仕事

地方議会の議員にとって最も重要な仕事に質問があります。市議会における質問とは、市政全般にわたって、市長に対して説明を求めたり、見解をただすことです。この質問には、会派代表質問と一般質問があります。

会派代表質問は、会派で質問内容を協議し、会派代表が市長に対して行う質問です。通常、市長が次年度の施政方針を表明する3月定例会で行われます。会派代表質問では、市長の市政課題の認識、財政見通しや行財政改革、産業政策、福祉政策、少子化対策、子育て支援策、まちづくり、防災対策、文化教育政策など多岐にわたっています。多くの場合、一括質問・一括答弁方式（質問議員が質問事項をまとめて質問し、市長など答弁者がまとめて答弁する）で行われます。

議員には予算提案権がないため、自分たちが考える政策や施策を実現させるには、市長に予算案を提出してもらわなければなりません。会派代表質問は、言いかえれば、会派の議員が共同して政策や施策を提案し、市長に実現を迫ることのできる「場」でもあります。この会派代表質問は、全市のうち約51％の市で行われています（全国市議会議長会「質問の実施状況」、2023年調査）。

これに対し一般質問は、個々の議員が市政一般に関して市長に質問するものです。一般質問は、定例会の都度（通常、年4回）行われます。個々の議員の関心のあるテーマで、メディアや他自治体の事例を参考にしたり、支援者からの要望などを踏まえ、市長に意見を求めたり提案したりするものです。一般質問はほとんどの市で行われており、多くの市では一問一答方式（議員が一つ質問するごとに答弁者が答弁）がとられています。

一般質問を聞いていていつも思うのは、「○○に取り組むべき」という意見、言いかえればお金を使う内容が多いことです。「○○市では学校給食費は無料。当市も無料にすべきではないか」、「小中学校の体育館にもエアコンを設置すべき」、「○○地区に公園を整備してほしい」、「高齢化で地域の草刈りが難しい。予算をつけて業者委託を考えるべき」、「水道会計に市費を投入し、水道料金の値上げ回避を」などです。

こうした質問、考えてみればうなずけます。前にも述べましたが、議員が予算を伴う政策や施策を実現させるには、市長から予算案を提出してもらわなければなりません。一般質問は、議員から市長に対し、予算を伴う政策や施策を提案する場でもあるのです。

ところで、多くの市では、一般質問のやりとりはテレビやユーチューブで中継され（録画を含む）、市民は視聴できます。一般質問のやりとりを通じて、支持者や地域住民が「応援した議員が、しっかり要望してくれた」となれば次の選挙にプラスとなります。一般質問は、議員にとっての晴れ舞台であると同時に、再選に向けての活動にもなっているものと思います。

住民でなくても首長になれる？

首長と地方議員の身分、待遇、立候補の要件などについてお話しします。

最初に、共通するものです。①身分は、共に「特別職の地方公務員」です（地公法3条）。勤務時間の決まりはありませんし、守秘義務もありません。兼業（副業）もできます。ただし、首長は国会議員との兼職、当該自治体の公共事業を請負う法人の役員（取締役、監査役）になることは禁じられています（地自法141条、142条）。地方議員は、国会議員、他自治体議員、首長、自治体の常勤職員との兼職は禁止されています（同92条）。また、当該自治体の公共事業を請け負う法人の役員も禁じられています（同92条の2）。

任期は、共に4年間です（地自法140条、93条）。ただし、首長の場合、「被選挙権を失った場合」（同143条）、「議会で不信任議決を受けた場合」（同178条）、「住民からリコール（解職請求）があり、住民投票で過半数の同意があった場合」（同81～83条）には失職します。

地方議員も「被選挙権を失った場合」（同127条）、「住民からリコールがあり、住民投票で過半数の同意があった場合」（同83条）、「議会で除名された場合」（同135条）に失職します。このうち除名は、懲罰の中で最も重いものです。除名ができるのは、議員の3分の2以上が出席する会議で、4分の3以上の賛成があった場合です（同135条3項）。

次に違いがあるものです。まず立候補の要件が違います。首長には、立候補にあたって住所要件はありません。当該選挙区に住んでいようといまいと、首長選挙に立候補できます。仮に、東京都の住民が○○県の市長選挙に立候補することも可能です。

一方、地方議員は、当該選挙区に3カ月以上、住所があることが必要です（地自法18条、19条）。地方議員に住所要件があるのは、その自治体の事情に通じていることが求められるからだそうです。

待遇も違います。首長の場合、給与が支給され、退職手当と厚生年金があります。健康保険は通常共済組合に加入します。一方、地方議員は、給与ではなく議員報酬が支給されます（後ほど、詳しくお話しします）。退職手当はなく、年金は原則、国民年金です。かつては、地方議員にも議員年金がありましたが、国会議員の議員年金の廃止に伴い、2011年に廃止されました。

議長の多くは1～2年で交代する

地方議会において、議長は大変重要な役割を担っています。地方自治法では、議長は、「議場の秩序を保持し、議事を整理し、議会事務を統理《とうり》し、議会を代表する」とあります（地自法104条）。実務的には、議長には議会全体をまとめ、首長（執行部）との調整役を担ってもらっています。議会に報告すべき案件は、最初に議長（及び副議長）に説明します。従って、市政に関する情報は最も早く議長（及び副議長）に集まります。

議長は通常、最大会派から選ばれます（副議長は最大会派または第二会派から選ばれます）。首長から見ても、議長や副議長に議案を理解してもらえれば、最大会派や第二会派の賛同が得られやすくなります。従って、議長や副議長への議案の説明は、議会対策の観点からも重要です。議長や副議長への説明は、通常、副市長か部局長が行います。

この議長および副議長の任期は、地方自治法では議員任期と同じく4年です。しかし、実際には、多くの自治体で、慣例や議員の申し合わせで2年または1年となっています。

全国市議会議長会の調査では、回答のあった645市のうち、議長の任期を2年としている市は458市（71・0％）、1年が177市（27・4％）、合計で98・4％が2年または1

年でした。任期4年としているのは10市（1・6％）にすぎません（全国市議会議長会「市議会の活動に関する実態調査結果」、2023年調査）。

なぜ議長を、2年または1年で交代しているのでしょうか。私は、地方議員の多くが、「いつかは議長になりたい」と思っているからだと思います。議長任期を4年とすると、議員在任期間の4年間に1人しか議長になれません。任期2年とすると2人、任期1年とすると4人が議長になることができます。

地方議員が「議長」になりたい理由

議員は、なぜ議長になりたいのでしょうか。私が考える理由の第一は、「議会人トップという栄誉」です。議長になれば、大会や行事に議会代表として招待され、来賓挨拶を行います。周りは「議会内で評価され、議長に選ばれた人」という目で見ます。議員の最大の関心は再選だと言われますが、選挙にも有利です。また、いったん議長になれば生涯「元議長」と紹介されます。相撲取りが引退したあと、どこまで昇進したかによって元横綱、元大関と呼ばれ、国会議員が元○○大臣と紹介されるのと同じです。

二つ目は、「情報が集まること」です。政治家としての実力のバロメーターとして情報の多寡があると言われます。議長になれば、執行部から真っ先に市政に関する報告や提案予定の議案などの説明が行われます。市には様々なルートから情報が寄せられますが、そうした情報はまずは議長の耳に入れておこうとなり、議長には他の議員よりも早く、多くの情報が集まります。これは、政治家としての力の源泉にもなります。

三つ目は、「経済的メリット」です。例えば、市議会議長の議員報酬は、一般議員より月額で8~10万円高く設定されています（一般市の場合）。年収では、150万円前後増えることになります。地方議員の議員報酬が低すぎるとの意見がある中にあって、議長になれば、ようやく少し高めの議員報酬が支給されているのです（私は、議長の活動量の多さから考えれば、当然だと思います）。

こうした理由（私の推測です）から、議員の多くは、議長になりたいと思っているものと思います。議長任期を2~1年で交代するのは、その機会をより多くの議員に得てもらうための「議会の知恵」と言えるかもしれません。

市長の給与は高い？安い？

首長と地方議員の待遇について、「市」を例に少し詳しくお話しします。

市長や副市長、教育長の給与は、市長が諮問する報酬等審議会（浜田市の場合）で協議・検討されます。審議会からの答申に基づき、市長が市議会に諮り、承認されることによって決定されます。市長の給与は公開情報であり、オープンにされています。市の広報紙にはもちろんですが、毎年7月頃、新聞各紙で報じられます。市長の給与は、市によってまちまちですが、平均給与で見ると、概ね人口規模に比例しています。

一般市の中で、最も数が多い人口5万人未満（297市）の市長の平均月額給与は80万6千円です。次に数の多い人口5万人以上10万人未満（236市）は86万8千円です。そして、10万人以上15万人未満（99市）が92万2千円、15万人以上（55市）の98万8千円と続きます。さらに人口の多い施行時特例市（23市）の給与は99万円、中核市（62市）は104万1千円、指定都市（20市）は116万2千円です（図表3－4）。

市の数の7割を占める人口10万人未満の市長の平均月額給与は、概ね80万円台です。年収で1300万円前後です。この水準、皆さんは多いと思いますか？　少ないと思いますか？　年収1300万円前後というのは、大企業の部次長クラス、金融・保険業界の支社長・支店長クラスの年収です（ちなみに、私がかつて勤務していた大学の教授も同程度の年収です）。

確かに中小企業の多い地方にあっては、この給与は多いほうかもしれません。しかし、市

図表3-4　市長・市議会議員の平均月額給与（報酬）

（単位千円）

市区分	団体数	市長	市議会議員 議長	市議会議員 副議長	市議会議員 議員
指定都市	20	1,162	969	872	797
中核市	62	1,041	711	649	605
施行時特例市	23	990	609	546	509
一般市	687	－	－	－	－
人口15万人以上	55	988	600	536	499
10万人以上15万人未満	99	922	544	485	452
5万人以上10万人未満	236	868	484	428	399
5万人未満	297	806	417	361	336
（参考）町村	926	町村長	議長	副議長	議員
		725	294	239	217

※2023年4月1日調査。金額は千円以下切り捨て。
（出所）総務省「令和5年地方公務員給与実態調査結果の状況」

長は、市政のすべての責任者という重い責任を負っています。もし、災害が発生したら陣頭指揮を取らなければなりません。土日祝日もほぼ公務があります。それに一般会社員とは異なり、政治家ならではの支出もあります（冠婚葬祭に出席、後援会や支援者との会合の参加費、選挙関係費用の支出など）。これらは基本的に給与から捻出しなければなりません。私は決して高くはないと思いますが、いかがでしょうか？

「市長給与の削減」を公約に掲

げて選挙に立候補する人もいます。市民の中には「厳しい財政状況の中、市長の給与は少ないほうがいい」との考えの人もおり、おそらく、給与の削減を訴えれば、選挙を戦う上で有利との判断によるものだと思います。しかし、冷静に考えてみれば、市長給与を削減しても、市の財政支出に占める比率はごくわずかです。多くの市民が市長に望んでいるのは、給与の削減ではなく、市民生活の向上や市の発展のために、「給与に見合うだけの仕事をしてほしい」ということではないかと思います。

市政は、誰が市長になるかによって大きく変わります。現在、他業種にいる有能な人材、中央で活躍している人材などに首長を目指してもらうためにも、私は、市長給与はある程度の水準は確保しておくべきだと思います。

地方議員の「議員報酬」も人口規模に比例する

地方議員に支給される議員報酬は国会議員に支払われる歳費とは異なります。国会議員は、憲法で「国庫から相当額の歳費を受ける」とされています（憲法49条）。その額は、国会法で「一般職の国家公務員の最高の給与額より少なくない額」と規定されています（国会法35条）。

最高給与額の国家公務員は、通常、省庁トップの事務次官です。つまり、国会議員の毎月の歳費額は、事務次官の給与と同等以上とされているのです。国会議員にはこの他に、調査研究広報滞在費（旧文書通信交通滞在費）が月100万円支給され（国会法38条）、電車の特殊乗車券や国内航空券なども支給されます（歳費法9条）。

これに対して、地方議員に支払われる議員報酬は国会議員の歳費とは、位置づけも金額も大きく異なります。

議員報酬は、2008年の地方自治法改正によって制度化されました。改正前には、地方議員が受け取る金銭については、非常勤職員である行政委員会委員（教育委員会委員、監査委員など）と同じ「報酬」とされていました。地方議員が議会本会議や委員会に出席したり、公務出張した場合への対価と解釈されていたのです。

法改正にあたって3議長会（全国都道府県議会議長会、全国市議会議長会、全国町村議会議長会）から、「地方分権改革が進む中、地方議会の果たすべき役割や責任も拡大しており、国会議員と同様、歳費とすべき」との要望が出されました。しかし、町村を含む小規模自治体の議員の場合には「年俸的性格の『歳費』という言葉はそぐわない」とされ、結局、非常勤職員の報酬と区別され、「議員報酬」となりました（地自法203条）。

　では、実際の議員報酬はどれくらいなのでしょうか。市議会議員を例に見ると、市長の給与と同様に自治体の人口規模に比例しています。

　市議会議員の議員報酬（月額）は、一般市のうち、最も団体数が多い人口5万人未満は33万6千円です。次いで、人口5万人以上10万人未満は39万9千円、10万人以上15万人未満は45万2千円、15万人以上は49万9千円と続きます。さらに人口の多い中核市は60万5千円、指定都市は79万7千円となっています。なお、議長、副議長には加算が行われています。一般市や中核市の場合、議長に8～10万円、副議長に3～4万円が加算され、指定都市では議長に約17万円、副議長に約8万円が加算されます（図表3－4）。

　市議会議員の議員報酬は市長給与の概ね4～6割と言えるようです。参考に町村議会議員を見ると、町村（926団体）の議員報酬は平均で21万7千円です。議長は加算込みで29万4千円、副議長は23万9千円です。ちなみに町村長の平均給与は72万5千円ですから、町村の一般議員の議員報酬は、町村長給与の概ね3割程度のようです。

議員のなり手不足対策には報酬の引き上げも

　ここまでの説明をお読みになって、市議会議員の議員報酬水準をどう思われますか？

首長は、平日はほぼ毎日勤務し、土日祝日も各種の大会や会合、地域のイベントに参加しています。ほとんど休む暇がありません。これに対して地方議員は、義務的に出席しなくてはならないのは、議会本会議や委員会と、議員間で取り決められた会合（浜田市の例では、「地域井戸端会」や「はまだ市民一日議会」など）、勉強会、研修会などです。もちろん、この他にも地域の会合への参加、調査研究などの様々な活動がありますが、各人の裁量に任されています。

こう考えれば、議員報酬が首長の給与の概ね4～6割（町村の場合約3割）について、「まあ、妥当かな」と思われる人が多いかもしれません。ところで、前に地方議員は「兼業（副業）は普通」と書きましたが、実際には、どうなのでしょうか。

全国市議会議長会の「議員の兼業の状況」調査によると、全国の市議会議員（調査対象1万8510人）のうち、議員専業は46・8％で、残り53・2％は何らかの兼業をしていました。最も多いのは農業・林業で9・5％、次いで各種サービス業の8・9％、卸・小売業の5・1％、建設業の3・9％、製造業の3・2％、医療・福祉の3・0％、宿泊・飲食の2・1％と続きます（全国市議会議長会「市議会議員の属性に関する調」、2023年調査。一部を筆者が加工）。

この調査結果には、人口規模別の内訳は示されていません。確かに、市議会議員全体では議員専業は46・8％かもしれませんが、おそらく、人口規模の大きい市、言いかえると「議員報酬が多い市」では議員専業の比率がもっと高く、人口規模が小さい市、言いかえると「議員報酬が少ない市」では、議員専業の比率が低いのではないかと思います。

とはいえ、実際には地方議員の約半数が兼業をしています。時間的にも兼業が可能ということもありますが、議員報酬だけでは生活が厳しいのも、理由の一つだと思います。知り合いの40歳代の市議会議員は、会社を辞めて地方議員になったものの、「子供の教育費もかかり、議員報酬だけでは生活できない」と、物流関係のアルバイトをしているそうです。

今、地方議会では、議員のなり手不足が問題になっています。議員選挙が無投票となっている自治体も増えています。おそらく今後も、議員定数の削減の動きが続くものと思います。議員定数が減れば、議員一人ひとりの役割が大きくなります。地方議会を活性化するためには、若手や中堅にも議員になってほしいと思います。そのためには、少なくとも小規模自治体の議員報酬はもう少し引き上げてもいいと思いますが、皆さんはどう思われますか？

都道府県知事の約6割は官僚出身

本章の最後に、首長の経歴についてお話しします。調査は、私が各自治体のホームページなどを見て行いました（2024年12月）。前職は「中央官庁（官僚）」、「市長町長」、「国会議員」、「都道府県議会議員」、「市議会議員」、「都道府県職員」、「市町職員」、「民間企業」、「士師業（弁護士、税理士、医師、薬剤師など）」、「その他」の10項目とし、主な前職一つを当てはめました（二つ以上に該当する場合は、先頭の項目を選択。図表3－5参照）。

まず都道府県知事についてです。47人の知事の経歴で、最も多いのは中央官庁、いわゆる官僚出身の27人です。なんと知事の6割近く（57・4％）です。中でも、総務省（旧自治省）の出身が11人で最も多く、次いで国土交通省と経済産業省の各5人です。官僚に次いで多いのが市長の8人、3番目が国会議員の6人です。そして、4番目が民間企業出身の4人です。

知事に官僚出身が多いのは、①国（中央官庁、国会議員）との太いパイプ（人脈）がある、②行政能力が高い（国家公務員試験に合格し中央官庁で行政経験を積んでいる。県などに出向し地方自治の経験もある）、③地元の政界、経済界などが前述の①②に期待して選挙

図表3-5　首長の前職

		中央官庁	市長町長	国会議員	県会議員	市会議員	都道府県職員	市町職員	民間企業	士師業	その他
知事（47都道府県）		① 27 (57.4)	② 8 (17.0)	③ 6 (12.8)	1 (2.1)	0	1 (2.1)	0	④ 4 (8.5)	0	0
市長	指定都市（20市）	① 8 (40.0)	0	③ 3 (15.0)	② 6 (30.0)	0	1 (5.0)	0	1 (5.0)	0	1 (5.0)
市長	中核市・特例市（85市）	③ 14 (16.5)	0	⑤ 8 (9.4)	① 20 (23.5)	② 17 (20.0)	3 (3.5)	④ 9 (10.6)	7 (8.2)	5 (5.9)	2 (2.4)
市長	一般市（687市）	⑥ 31 (4.5)	0	16 (2.3)	② 176 (25.6)	① 201 (29.3)	⑤ 58 (8.4)	③ 104 (15.1)	④ 67 (9.8)	11 (1.6)	23 (3.3)
市長	北海道・東北7道県（100市）	4	0	2	② 24	① 25	7	③ 22	④ 12	2	2
市長	関東・東京8都県（165市）	1	0	5	② 58	① 65	3	③ 19	④ 9	4	1
市長	北信越・東海9県（144市）	10	0	0	② 25	① 44	④ 20	③ 23	14	4	4
市長	関西6府県（89市）	8	0	3	② 21	① 23	③ 12	7	④ 11	0	4
市長	中国・四国9県（81市）	1	0	3	① 18	③ 17	④ 9	① 18	8	1	6
市長	九州・沖縄8県（108市）	7	0	3	① 30	② 27	7	③ 15	④ 13	0	6

（注）• 調査時点は2024年12月。
• 数字は、該当する自治体の数。
• ○数字は区分内の順位。（ ）は%。
（出所）著者作成

で応援している、などからだと思います。また、次に多い市長は、地方自治での行政経験があり、国会議員は国政での行政経験があります。共に選挙を経験しており政治家としての知名度もあります。こうしたことから、知事に選ばれているものと思います。

ところで、国会議員出身の知事が6人と聞いて、知事から国会議員になることはあっても、逆があるの?と驚かれませんか。私にはまったく違和感がありません。国会議員として責任ある立場に就くには、期数(当選回数)を重ねる必要があると言われています。しかし、二元代表制である県政では、知事選挙に当選すれば、すぐに県政のトップになります。知事選に出馬した国会議員には、それぞれ事情があったのかもしれませんが、私は「知事のほうが、やりがいがある」と決断されたような気がします。

大都市の市長は官僚と県議会議員出身が多い

市長の経歴は、人口70万人以上(法律上は50万人以上)の指定都市、人口20万人以上の中核市・施行時特例市、そして残りの一般市の三つに分けて見てみます。

指定都市(20市)で、最も多いのが官僚出身の8人です(うち、総務省が最も多く3人)。次いで県議会議員の6人、国会議員の3人と続きます。官僚が多いのは、第2章で述べたように、指定都市は道府県と同等の行財政能力が求められ、官僚の皆さんにとってやりがいがあり、地元から強い期待があるからだと思います。また、国会議員が多いのは知事と同じ理由で、さらに衆議院議員の場合には、小選挙区制度の導入で市長戦の選挙区がほぼ同じということもあるように思います。

中核市・施行時特例市（62市＋23市＝85市）で最も多いのは県議会議員の20人で、2番目が市議会議員の17人です。県議会議員や市議会議員が多いのは、地方行政をよく知っていること、選挙経験があり政治家としての知名度もある、などの理由だと思います。次いで官僚の14人（うち、総務省が6人）、市町職員9人、国会議員の8人と続きます。官僚や国会議員の出身者が多いのは、指定都市とほぼ同じ理由です。

なお、指定都市や中核市・施行時特例市に官僚出身が多い理由に、地元進学校の存在があるように思います。これらの都市には伝統ある有名進学高校があります。その卒業生が難関大学に進学し、国家公務員試験に合格して官僚になった場合、地元の政財界では、「将来の市長候補」として意識されます。そして時機が来れば、政界関係者や同窓会などから市長選出馬の打診が行われます。このような事例、私はずいぶん耳にしています。

一般市は半分強が地方議員出身

一般市（687市）の市長は、地域によって多少の差はありますが、総じて前職で最も多いのは市議会議員（29・3％）です。2番目が県議会議員（25・6％）で、両方合わせた地方議員が半分強（約55％）を占めています。このうち、県議会議員出身者についてその経歴を子細に見てみると、その半分（約45％）は「市議会議員から県議会議員に転身した人」でした（それ以外の前職は民間企業、国会議員秘書など）。従って、「市議会議員→市長」には、

①市議会議員→市長
②市議会議員→県議会議員→市長

の二つのルートがあるようです。

一般市の市長に地方議員出身者が多いのは、地方自治の行政経験があり、選挙経験があることが大きいと思います。首長になるには選挙に勝たねばなりません。地方議員として選挙を経験し、政治家としての知名度があることは、市長選挙でも有利です。

同じ地方議員でも、県議会議員出身者がさらに有利です。理由の一つは、一般市の場合に

は、「県との関係性が強い」ことです。一般市の所管事務の多くは県の指導の下で行われており、財政面でも県から補助金などの支援を受けています。県議会議員出身者は当然ながら、県とのパイプがあり、市長になれば県との関係が比較的スムーズです。

もう一つは、選挙区がほぼ同じことです。2013年12月の公職選挙法の改正によって（施行は2015年3月）、県議会議員の選挙区は「市の区域または市と隣接する町村を合わせた区域」とされました（公職選挙法15条1項）。この結果、県議会議員の選挙区は、市長選挙の選挙区と「ほぼ同じ」となりました。県議会議員は、市長選挙に立候補した場合、県議会議員時代とほぼ同じ選挙地盤で戦うことができるようになったのです。

一般市では、3番目に多いのが市町職員です。学校（大学または高校）を卒業して市役所（または町役場）に就職。自治体職員として行政経験を積み、部長や副市長になり、前市長から事実上の後継指名を受けて立候補というのが最も多いケースです。職員から市長になるケースは、一般市でも人口規模が小さいところに多く見られ、「無投票当選」も多くありました。

4番目の民間企業出身では、地元企業の経営者一族と大企業会社員に分かれます。同じ民間企業出身者でも、より多いのは、前者の地元企業出身者です（いったん大企業に就職、U

ターンして経営後継者として地元企業に入社した者を含む)。地元企業の経営者一族で、青年会議所(JC)や奉仕団体(ライオンズクラブ、ロータリークラブ等)などで、地域活動に取り組んでいた人が、周囲から推されて市長になるケースです。

なお、大都市にある大企業の社員などが、出身地の地方自治体にUターンし、ダイレクトに市長選挙に立候補して市長に就任したケースも、数は少ないですがあります。その場合の多くは、地元経済界などから本人に対し強い出馬要請があり、出身校の同級生などが中心になって後援会組織が立ち上がり、強力な応援があったものと思われます(実は、私の場合、ほぼこのケースでした)。

5番目に多いのが都道府県職員(以下、県職員)出身です。県職員出身が多いのは、指定都市や中核市における官僚出身が多いのと似た理由です。一般市は、県との関係性が強く、行政経験と県との太いパイプのある県職員は有力な市長候補者です。実際、市長の交代時期が近づくと、地元高校を卒業した県の幹部職員は、次期市長候補者として名前が上がります。他の有力候補者がいない場合は、しばしば地元政界や出身校の同級生などから、立候補の働きかけが行われます。

6番目は、官僚出身です。官僚出身者は、一般市の場合も、地元政界・財界から、国とのパイプや行政経験に期待して、地元進学校出身の官僚に立候補の働きかけがあったものと思います。その次に国会議員がありますが、規模の小さい一般市でも首長の仕事にやりがいを感じておられるのだと思います。その他には、国会議員秘書、大学教授、小中学校教員などがありました。

市長への王道は

一般市の場合、市長の経歴分析から見えてきた「市長への王道（近道の意味も）」は、

①まず市議会議員を目指す
②チャンスがあれば、その後、県議会議員に転身する
③市議会議員や県議会議員として行政経験を積み、時宜を得て市長選挙に立候補することのようです。

とはいえ最近は、多彩なキャリアの人が市長に就任しているように感じます。知り合いの市長にも、元商社マンで海外勤務経験のある人、元都市銀行員で法人営業を担当していた人、元経営コンサルタント、海外留学の経験のある元大学教授、さらに、弁護士、税理士、医師などもいます。

世の中が多様化、複雑化している中にあって、様々な経歴を持つ人が市長に就任し、キャリアを活かして新しい政策や施策に取り組んでほしいと思います。そうした取り組みはおそらく他の自治体の参考にもなると思います。

第 4 章

地方自治体は常に財源不足

自治体財政の基本は収入と支出

地方自治体の運営で最も重要なのが自治体財政（以下、財政）です。どんなに良い政策や施策であろうと、財政の裏付けがなければ取り組めません。この財政、かなり専門的で、役所でも財政部門で長年経験を積んだベテラン職員が担当しています。ちゃんと説明しようと思えば、難しい用語がたくさん出てきますし、数字の羅列にもなります。おそらく、一般読者はうんざりされると思います。そこで、財政のしくみの説明は最小限にとどめ、地方自治体が最も力を入れている「財源の確保」を中心に説明します。

皆さんの中には、家計簿をつけている人、つけていない人がいると思います。家計簿は、家計における「収入」と「支出」をまとめた帳簿です。自治体財政も家計と同じく基本は収入と支出です。自治体財政では、収入を「歳入」、支出を「歳出」と言います。

会計年度は、毎年4月1日に始まり、翌年の3月31日に終わります（地自法208条1項）。「会計年度独立の原則」があり、各会計年度における歳出は、その年度の歳入をもって充てなければなりません（地自法208条2項）。ただし、この原則を厳格に適用すると、不効率、不経済になる場合もあり、例外として「繰り越し」が認められています。

会計には一般会計と特別会計があります（地自法２０９条１項）。一般会計は、福祉、子育て、教育、道路や公園整備など、地方自治体の基本的な行政サービスを行う会計です。一方の特別会計は、特定の事業において、特定の歳入を特定の歳出に充てるために一般会計と区別する必要がある場合に条例で設置されます（地自法２０９条２項）。例えば、水道事業、公共下水道事業、病院事業、駐車場事業などです。

予算には当初予算、暫定予算、補正予算があります。当初予算は４月の会計年度が始まる時の予算です。暫定予算は、議会の混乱など何らかの事由により新年度が始まるまでに当初予算が成立しない時に、暫定的に組まれる予算です。補正予算は、当初予算の成立後、新たに発生した事案（災害対応、国の緊急経済対策、国庫補助金の金額決定など）に伴い、当初予算に追加、減額して議会に提出する予算です。

予算は、①歳入歳出予算、②継続費、③繰越明許費、④債務負担行為、⑤地方債、⑥一時借入金、⑦歳出予算各項の経費の金額の流用、の７つから成り立っています（地自法２１５条）。

このうち、中心となるのが①歳入歳出予算です。行政サービス費用の大半がここに計上されています。また、予定外の支出に充てるため、歳入歳出予算に「予備費」を計上しなければばならないことになっています（地自法217条1項）。

例外的に認められている繰り越しが②～④です。②の継続費は、公共工事等の複数年にまたがって支出するものです（同212条1項）。③の繰越明許費は、工事の遅れなどで年度内に支出できない見込みのもので、翌年度に繰り越す経費です（同213条1項）。④の債務負担行為は、将来の支出を約束する行為で、翌年度以降に経費支出を伴う契約を締結する時に用いられます（同214条）。⑤の地方債は、後ほど説明します。

国の動きに合わせる自治体の予算編成

地方自治体の予算編成は、国の動きに合わせて行われます。

国の次年度の予算編成は、6月に閣議決定される、いわゆる「骨太の方針」からスタートします。7月に次年度予算の全体像が示され、概算要求基準が閣議で了承されると、各省庁が本格的に予算編成に入ります。そして各省庁は8月末までに財務省に対し概算要求を提出します。その後9～12月にかけて、財務省において予算査定が行われ、予算編成作業が行われます。

12月下旬頃、財務省によって次年度の政府予算案が作成され、閣議で決定されます。そして1月に、内閣総理大臣から国会に予算案が提案され、その後、通常国会（衆議院、参議院）において審議されます（実質的には、両院の予算委員会で審議されます）。そして、通常、3月末までに、国会で承認されます。

地方自治体では、国の動きに合わせて予算編成が行われます。浜田市を例にすると、予算編成は5月頃から始まります。最初に市長が財政運営基本方針を決めます。これを受け、担当課が予算案を織り込んだ事業計画案を作成し、7～8月に財政課と協議します。判断に迷う案件は、8月に市長協議を行い、方向性を決めます。そして9～12月にかけて、財政課が予算案の策定作業を行い、1月の市長査定を経て次年度予算案が出来上がります。そして、2月下旬から始まる市議会3月定例会議に提出されます。

このように、地方自治体は国と連動して次年度予算編成を行いますが、留意すべき点は、ハード事業（施設の建設など）のように、国の補助金などをあてにした投資事業の予算です。国の補助金の募集に対して、早めに手を挙げ、担当省庁に説明に行ったりする必要があります。従って、自治体側も投資事業については、できるだけ早い段階で「補助金がつけば事業化する」といった意思決定を行っておく必要があります。

地方自治体は構造的に財源不足

地方自治体が、住民のための行政サービスを行い、様々な施策に取り組むには、財源が必要です。必要な財源は、本来、その自治体の住民が負担するのが地方自治の原則です。地方自治が、「住民が自ら治める」という意味である以上、当然だと思います。

自治体収入（歳入）の中心は、言うまでもなく住民が納める税金です。その代表である地方税は、地方税法に基づいて、それぞれの自治体が条例によって定め、課税しています。

地方税には、道府県税と市町村税があります（地税法1条）。「都《と》にはないの？」と思われるかもしれませんが、道府県税に関する規定は「都」に、市町村税に関する規定は東京都の「特別区」に準用されます（地税法1条2項）。地方税はさらに、その性質によって、一般的な経費に充てられる普通税と、特定経費に充てられる目的税に分けられます。

図表4－1は、道府県税と市町村税の税項目について、普通税と目的税に整理したものです（地税法4条、5条）。「こんなに多くの種類の税金があるの？」と思われるかもしれませんが、普通税に限れば、道府県税では道府県民税、事業税、地方消費税の3税が、市町村税では、市町村民税、固定資産税の2税が、それぞれの8割強を占めています。目的税では道

図表4-1　地方税の種類

	道府県税	市町村税
普通税	道府県民税 （道府県の住民が納める） 事業税 （事業を営む法人、個人） 地方消費税 （取引を行う事業者） 不動産取得税 （土地・家屋の取得時） 道府県たばこ税 （たばこの購入時） ゴルフ場利用税 （ゴルフをプレーした時） 軽油取引税 （軽油購入時） 自動車税 （自動車の所有者）、 など	市町村民税 （市町村の住民が納める） 固定資産税 （土地や家屋の所有者） 軽自動車税 （オートバイ、軽自動車所有者） 市町村たばこ税 （たばこの販売時） 特別土地保有税 （一定規模以上の土地取得）、 など
目的税	狩猟税 （狩猟者登録時） 水利地益税 （水利事業の受益者）、 など	都市計画税 （都市計画事業の推進） 水利地益税 （水利事業の受益者） 共同施設税 （汚物処理施設等の設置時） 宅地開発税 （宅地造成時） 国民健康保険税 （国民健康保険の加入者） 入湯税（温泉入浴時）、 など

（注）「道府県税」の規定は都に、「市町村税」の規定は区に準用される（地方税法1条2項）
（出所）筆者作成

府県税の狩猟税や、市町村税の都市計画税、入湯税などがあります。

ところで、この地方税によって、自治体が行う住民サービスや、首長が必要と考える施策を行うことができるでしょうか。答えは、ノーです。もっとはっきり言えば、まったく足りません。

わが国の租税（国や自治体が徴収する税金）には、国税と地方税があります。租税収入の約6割は国税で、地方税は約4割にすぎません。一方、行政サービスは国と地方自治体で分担されています。国全体の歳出の約6割は、社会保障、学校教育、警察、消防など地方自治体の事業に使われています。荒っぽい言い方をすれば、「地方自治体は国の租税収入の4割で、国民向け行政サービスの6割を行っている」ということです。この結果、地方自治体は、構造的に常に財源不足の状態にあるのです。

財源不足を補う地方交付税と国庫支出金

地方自治体の財源不足を補うしくみが、地方交付税交付金と国庫支出金です。

地方交付税交付金は、国に納められた税金を、財源の乏しい都道府県や市町村に移転させるしくみです。特定の国税（所得税、法人税、酒税、消費税、地方法人税）の徴収総額から、一定額を国が自治体に交付するもので、通常、地方交付税と呼ばれています。地方交付税とは言うものの、そういう名称の税金があるわけではありません。使途は限定されておらず、地方自治体は何にでも使うことができます。

地方交付税には、普通交付税と特別交付税があります（地方交付税法6条の2）。普通交付税は交付税総額の94％です。交付額は、自治体ごとに算出される基準財政需要額（あるべき財政需要額）から基準財政収入額（地方税等の標準的な収入見込み額）を引いた差額です。算定方法はテクニカルで説明は省きますが、算定に用いられる数字に人口や面積があります。人口が減れば交付税は減り、合併して自治体面積が増えれば増えます。算定により不足額が生じ、普通交付税が交付される自治体を「交付団体」と言います。

これに対し、不足額が生じない団体、つまり普通交付税が交付されない団体を「不交付団体」と言います。都道府県では東京都のみ、市町村は82あり（「令和6年度不交付団体の状況」、2024年7月）、そもそも交付税の対象ではない東京特別区の23を加えると合計106団体となります。不交付団体は、全地方自治体1788（都道府県47、東京特別区23、市町村1718）の約5・9％で、残りはすべて交付団体です。

特別交付税（通称、特交《とっこう》）には、交付税総額の6％が充てられます。毎年度の財政運営で特別な財政事情が生じた場合に算定されるもので、年2回、12月と3月に交付されます。12月交付は、主に地震や風水害などの災害関係経費に交付されます（特別交付税全体の3分の1以内）。また、3月交付は、その年度の財政運営状況や12月交付以降に発生した災害状況などを見て交付されます。

国から自治体にお金が移るもう一つのしくみに国庫支出金があります。地方自治体が行う事業のうち、特定の事業に対して国が自治体に支出するものです。使途が限定される特定財源で、「ひも付き財源」とも言われます。

国庫支出金には、①国庫補助金、②国庫負担金、③国庫委託金の三つがあります。

①国庫補助金は、特定の事業の奨励のために国から交付されます（地方財政法16条）。

②国庫負担金は、国が共同責任者として義務的に負担する経費、例えば生活保護や義務教育職員の給与などの負担です（同法10条）。

③国庫委託金は、国の利害に関係ある事務経費、例えば国会議員選挙や国民年金、雇用保険などの経費の負担です（同法10条の4）。

なお、①の補助金の場合、通常、補助率が設定されます。例えば、「補助率10分の6」という場合、全体を10とすると、国が6を補助し、自治体負担は4ということです。これは、自治体から見れば、「4の負担をすれば、2・5倍の10の事業を行うことができる」ということです。自治体は、各省庁の補助金メニューを研究し、活用できる補助金を探し出し、獲得に努めています。首長を中心とする「チーム自治体」の腕の見せ所です。

むやみに発行できない地方債

国から地方交付税交付金や国庫支出金を給付してもらっても、まだ財源が不足する場合、どうすればいいでしょうか。対応の一つに、地方債の発行（起債）があります。

地方債とは、自治体が財政上必要とする資金を外部から調達するために発行するもので、簡単に言えば自治体の「借金」です。かつて地方債の発行には総務大臣等の許可が必要でしたが、地方分権推進のため2006年から事前協議制になりました（地財法5条の3）。ところが、この年いわゆる「夕張ショック」が発生しました。北海道の夕張市が巨額の財政赤字を抱えて財政破綻、民間で言えば民事再生（事実上の倒産）に相当する財政再建団体になったのです。それを契機に新たな法律が制定されました。

夕張市は、かつて石炭のまちでした。石炭産業と共に発展し、最盛期の1960年（昭和35年）の人口は、ピークの11万6千人でした。ところがその後、石炭から石油へというエネルギーの変革と炭鉱災害で、炭鉱は相次いで閉山。市は新たな産業として観光事業に力を入れました。「石炭の歴史村」の整備に始まり、ホテル整備、スキー場開発などに取り組み、財源の大部分は地方債で調達しました。しかし、バブル経済の崩壊もあり、巨額の債務を抱えて財政破綻しました。2005年の人口（国勢調査）は1万3千人に大きく減少しました。

夕張市の財政破綻を契機に、2007年に制定されたのが「地方公共団体の財政の健全化に関する法律」（以下、健全化法。施行は2008年）です。この法律によって、地方自治体は、財政情報の開示が義務付けられ、健全化判断比率が導入されました。健全化判断比率は、財政の早期健全化や再生の必要性を判断するための指標です。いくつかの指標がありますが、最も重視されるのが実質公債費比率と将来負担比率です。

実質公債費比率は地方債の返済額の大きさを、将来負担比率は負債の大きさを、財政規模に対する割合で表したもので、いずれも小さいほど良いとされています。実質公債費比率の場合、3年平均が35％を超えると財政再生団体（レッドカード）、25％を超えると財政健全化団体（イエローカード）となり、18％以上は地方債発行に総務大臣等の許可が必要となります（地財法5条の4、同施行令23条）。健全な状態は実質公債費比率が18％未満です。

浜田市は指標が導入された2007年度、実質公債費比率が25％を上回り全国ワースト30

位でした。当時、市民の間では「第2の夕張になる」と言われていました。しかし、その後、財政健全化に取り組み、現在の実質公債費比率は健全水準の10％程度です（ちなみに、将来負担比率も健全水準350％を大きく下回る6％程度です）。他の自治体も、財政の健全化に取り組み、現在は大半が実質公債費比率18％未満になっています。財政健全化指標の導入で、自治体はむやみに地方債を発行しないようになりました。

過疎自治体になれば発行できる有利な過疎債

返済金の一定部分について交付税措置（国が返済金を支援）のある、有利な地方債がいくつかあります。その一つが過疎債です。「過疎地」とされた自治体が発行できます。

そもそも過疎地とは、地域の人口が減り、その地域で暮らす人の生活水準や生産機能の維持が困難な状態にある地域のことです。昭和30年代（1955年頃）以降、日本は高度成長期にあり、農山漁村地域から都市地域に向けて若者中心に大規模な人口移動が起こりました。その結果、特に大都市地域では人口集中による過密問題が起こり、一方、農山漁村地域では過疎状態が発生しました（全国過疎地域連盟「『過疎』のお話」）。

この過疎地に対して、財政上の支援を行うためにつくられたのが過疎法です。

「過疎法は島根県から生まれた」と言われています。1969年9月のことです。島根県松江市において、佐藤栄作内閣総理大臣（当時）が出席して「1日内閣」が開催されました。その時、参加した匹見町《ひきみちょう》（現益田市）の町長が、過疎地域の窮状と過疎対策を訴え、その後、国会議員や中央省庁職員が相次いで視察に訪れ、マスコミにも取り上げられました。これらがきっかけになり、1970年に議員立法によって過疎法（過疎地域対策緊急措置法、期間10年間の時限立法）が制定されました。

過疎法は、その後もほぼ10年ごとに新法がつくられ、延長されてきました。第5次となる現在の過疎法（過疎地域の持続的発展の支援に関する特別措置法）も、過疎自治体からの強い要望があり、議員立法によって制定され、2021年4月に施行されました。これまでと同様、期間10年間の時限立法です。

過疎自治体には三つの区分があります。一つは全部過疎で、自治体全域が過疎地域。二つ目はみなし過疎で、一定の要件を満たす合併自治体。三つ目は一部過疎で、前の二つに該当しないものの合併前の過疎地域を含む自治体です。人口要件と財政力要件で判定されます。

その結果、過疎自治体は2022年4月1日時点で885、全市町村数1718の51・5％です。全部過疎が713（全市町村の41・5％）、みなし過疎が14（同0・8％）、一部過疎が158（同9・2％）です。ちなみに、島根県の19市町村はすべて過疎自治体です。

　自治体が過疎地の要件に該当すれば、幅広い事業に活用できる過疎債を発行できます。過疎債は、起債額の7割が交付税措置（国が返済金を支援）される地方債です。第2章で説明した合併特例債と似たしくみで、仮に10億円の事業を行う場合、自治体の実質負担は3億円です。言い方を変えれば、事業費の3割を負担するだけで事業が行える制度です。

　過疎債の対象事業は、当初はハード事業だけでしたが2010年からソフト事業も加わりました。ハード事業では、産業振興施設（観光・レクレーション施設など）、交通通信施設（市町村道、農道林道、電気通信施設など）、厚生施設（一般廃棄物処理施設、消防施設、児童館、高齢者施設など）、教育文化施設（学校、図書館、公民館など）に活用されています。また、ソフト事業では、地域医療の確保、住民の交通手段確保などに活用されています。

　この過疎債、人口減少や少子高齢化が進む一方、施設の老朽化などの行政需要が高まっている地方自治体にとって、大変ありがたい制度です。人口減少に伴い過疎自治体数は増加しており、建設資材や人件費も高騰しています。過疎自治体を代弁して申し上げれば、ぜひとも過疎債関連予算を増額してほしいと思います。

実例で見る自治体の予算

　ここで、実際の自治体の予算はどうなっているのか、浜田市の「令和6年度一般会計当初予算」を例に説明します（図表4－2参照）。

　浜田市の令和6年度一般会計当初予算の歳入は、391億43百万円です（以下、単位は百万円）。自主財源は歳入全体の39・3％で、なんと60・7％が依存財源です。自主財源で、最も大きいのが市税で92億61百万円（23・7％）です。これには、個人市民税、法人市民税、固定資産税、軽自動車税、たばこ税、入湯税があります。次に多いのが、繰入金（7・4％）で基金などから繰り入れるお金です。次いで諸収入（2・9％）、使用料及び手数料（1・1％）などです。

　依存財源で、最も大きいのが地方交付税で104億50百万円（26・7％）です。これは普通交付税と特別交付税の合算で、使途に制限はありません。次に大きいのが国庫支出金（11・8％）で、特定の事業に対して交付される国からの補助金などです。地方譲与税等（5・7％）は、国税の一部または全部が地方自治体に交付されるお金です。以上三つが、国から交付されるもので歳入全体の44・2％になります。県支出金（6・8％）は、県からの

図表4-2　浜田市「令和6年度一般会計当初予算」

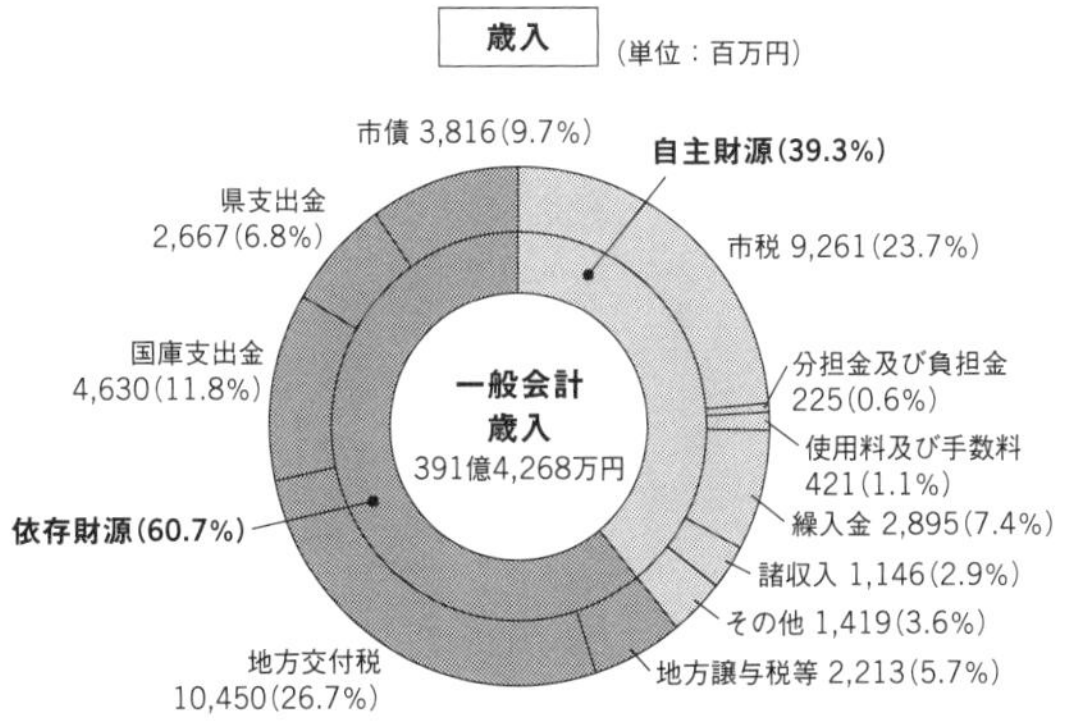

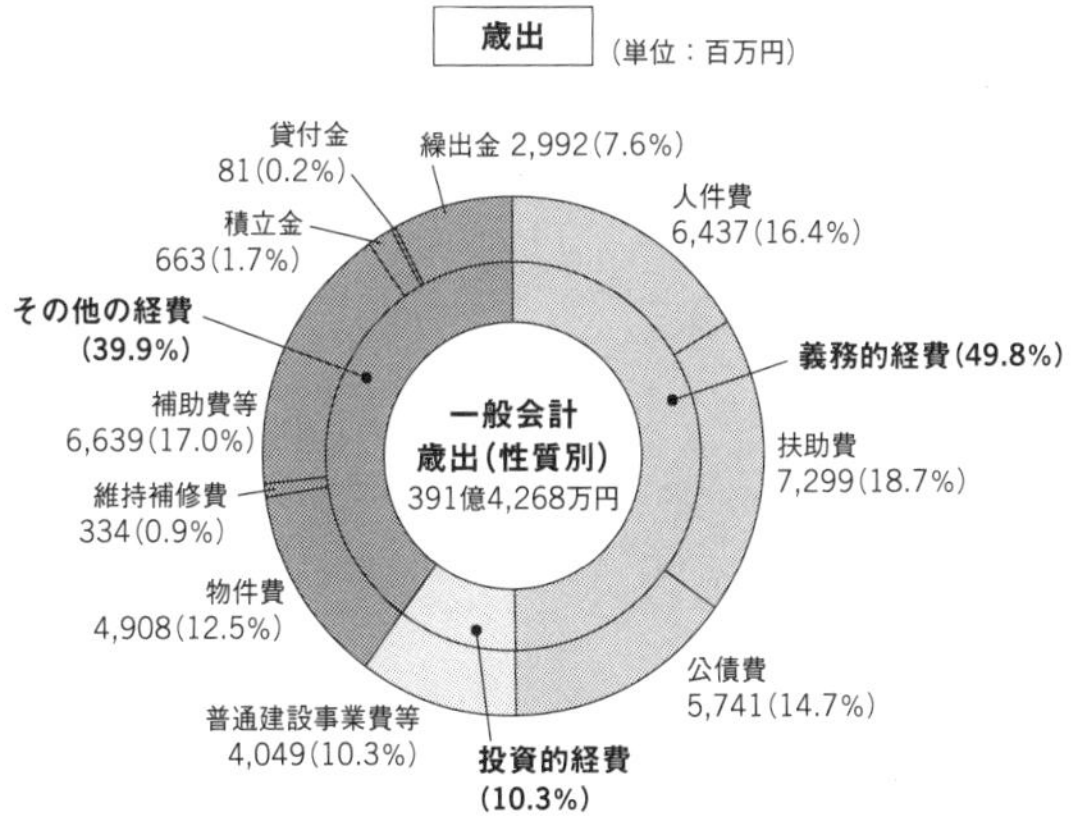

(出所) 浜田市資料

補助金です。それでも財源は不足しており、市債（9・7％）も発行しています。

次に歳出です。これは歳入と同額の391億43百万円です。歳出には、義務的経費、投資的経費、その他の経費の三つがあります。義務的経費のうち最も大きいのは扶助費（18・7％）で、生活保護、高齢者や乳幼児の医療費など社会保障関係の経費です。次に大きい人件費（16・4％）は、市職員の給与や退職金、議員報酬などの経費です。その次の公債費（14・7％）は、地方債の元利償還等に要する経費です。この三つで歳出の約半分（49・8％）を占めています。

投資的経費には、普通建設事業費等（10・3％）があります。これは、道路、橋梁、学校、集会施設等の建設や災害復旧に要する経費などです。その他の経費には、団体等への補助金、交付金などの補助費等（17・0％）、備品購入費、旅費、委託料、賃借料などの物件費（12・5％）、特別会計などへの支出の繰出金（7・6％）があり、その他にも積立金（1・7％）、維持補修費（0・9％）などがあります。

ここまで説明して、おそらく皆さんは、自主財源の少なさに驚かれたと思います。繰り返しますが、市の歳入では、市税などの自主財源は約4割しかありません。残りの約6割は、地方交付税、国庫支出金、地方譲与税などの国からのお金と、県の支出金、市債の発行（借り入れ）など、他に依存する「依存財源」で賄われているのです。

自治体も、歳入を増やす努力が必要

地方交付税について総務省は、「自治体間の財源の不均衡を調整し、どの地域に住む住民にも標準的な行政サービス等を提供できるよう財源を保障するもの」と説明しています。「確かに、そうだな」と思われるデータがあります。人口規模別に見た、市町村税と地方交付税の歳入に占める比率です。

図表4－3は、私が、総務省の『令和6年版地方財政白書』のデータをもとに、人口規模別の市町村税と地方交付税の歳入に占める比率を計算したものです。人口規模が大きい市町村ほど地方税が多く、地方交付税は少ない、逆に人口規模が小さいほど地方税は少なく、地方交付税が多くなっています。地方税と地方交付税の合計額はほぼ40％台後半で、確かに自治体間で財源の不均衡が調整されているようです。

これを見て、「地方税が減っても、地方交付税がカバーしてくれるから、税収増の努力は必要ないな」と思いませんか？　私はそうは思いません。理由の一つは、これはあくまで平均値だからです。個々の自治体では、地方税も地方交付税も、「平均より多い、少ない」があ

図表4-3　人口規模別の地方税と地方交付税の歳入に占める比率

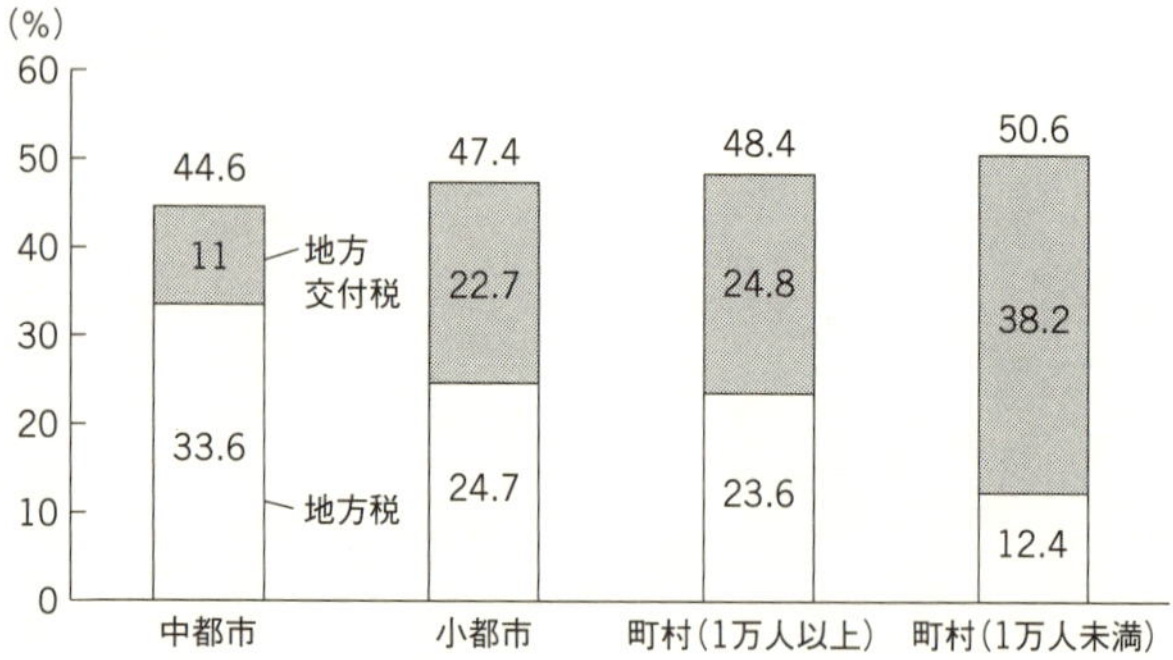

(注) 中都市は指定都市を含む人口10万人以上の市
小都市は人口10万人未満の市
(出所) 令和6年版地方財政白書より筆者が作成

るはずです。もう一つは、地方交付税の予算には自ずと限界があることです。確かに、ここ数年は年間18兆円台の予算がついています(令和7年度予算案では19兆円に増額されています)。しかし、当然ながら、予算には限りがあります。

市政に対して市民から様々な要望があり、議員からは多くの提案があります。首長自身として取り組みたい施策もあります。その実現のためには、財源を確保しなければなりません。つまり、歳入を増やさなければならないのです。首長は、先頭に立って歳入を増やす努力をすべきだと思います。では、歳入を増やすには、どうすればよいのでしょうか。

市税を増やすには、人口増加策に取り組み

個人市民税を増やす、個人の住宅建設を奨励したり工場を誘致したりして固定資産税を増やす、自動車を購入する人にはできるだけ軽自動車を購入してもらい軽自動車税を増やす、愛煙家には市内でたばこを購入してもらいたばこ税を増やすなどが考えられます。その他にも、タイアップ広告（市の広報紙や市役所の案内看板に企業広告を入れる）、ネーミングライツ（市所有のスポーツ施設等に企業名を入れる）などがあります。また、市の所有不動産の売却などもあります。

地方交付税は、算定方法が複雑で対策が難しいですが、方法の一つに、人口を増やすことがあります。算定で用いるのは、5年ごとに調べる国勢調査人口です。実は浜田市には、島根あさひ社会復帰促進センター（いわゆる刑務所）があります。センターの入所者（受刑者）は、浜田市の住民基本台帳上の住民ではありませんが、国勢調査上は浜田市の住民です。入所者が増えれば交付税は増えます。しかし、入所者を増やしてくださいとは、なかなか言いづらいところです。

自主財源確保策の筆頭は、ふるさと納税

今、自治体が最も力を入れている自主財源対策が「ふるさと納税」です。制度導入の本来

の趣旨は、地方で生まれ、その自治体から教育や医療など住民サービスを受けた人が、進学や就職を機に都会へ出て納税を始める。その結果、都会の自治体は税収増となるが、故郷に税収は入らない。そうした問題意識から、「ふるさとの自治体に自分の意志で納税をしてもよいのではないか」との意見があり、2008年から始まった制度です。

「納税」という言葉が使われていますが、実際には地方自治体への「寄附」です。従って、浜田市では「ふるさと寄附」と言っていますが、本書では一般的な「ふるさと納税」を使います。この制度、寄附者に返礼品を贈るようになったことから、いつしか返礼品のネット通販の様相を呈しています。

浜田市では、2008年の制度開始時からいち早く取り組みました。当初は、純粋に自主財源の確保が目的でした。2010年に10万円以上の寄附者に、お礼として伝統芸能の「石見神楽カレンダー」を贈りました。2012年からは1万円以上の寄附者に地元産品（当時は15品目）を返礼品として贈るようになりました。2014年にはポータルサイトの活用を開始し、クレジット納付も始めました。返礼品も86品目に増えました。

浜田市の場合、水産物や農作物、加工食品などの生産、販売を行う事業者の大半は、従業員20人以下の小規模事業者で、従来から販路開拓が課題でした。社長自ら生産、営業、管理などすべてを担っており、遠い東京、大阪などのスーパーや小売店に営業に出かけるのには限界がありました。そうした時に始まったのが「ふるさと納税」です。小規模事業者にとっては、願ってもない販売ツールが誕生したのです。

ふるさと納税が増えるほど、返礼品を提供している地元事業者の売上増になり、販路開拓に苦慮していた事業者に大変喜ばれました。浜田市の返礼品は２０１５年に２９６品目になり、この年の寄附額は20億円を超えました。

返礼品競争は、次第に過熱していきました。中には、国の指導の「寄附額の半分まで」を超える返礼品や、地元産品ではない返礼品を贈る自治体も現れました。

その後、国では制度の見直しや規制強化が行われ、現在は「返礼品は、地元産品で寄附額の3割まで。募集に要する費用は、返礼品代を含め寄附額の5割まで」となっています（ただし、居住自治体への寄附には返礼品はありません）。この結果、地方自治体が自主財源として使える額は寄附額の5割となりました。

浜田市にとって、ふるさと納税は貴重な自主財源です。これまで市民や団体などから要望があっても、予算がなく実施できなかった事業などに使わせてもらっています。例えば、高齢者福祉としての敬老福祉乗車券の発行、保育園児や小学生の通学路でのガードレールの設置、公園などへの防犯カメラの設置、伝統芸能の石見神楽の県外公演の支援、神楽団体が購入する神楽衣裳の購入費支援などです。

浜田市へのふるさと納税は、現在でも毎年10数億円あり、半分は市の使えるお金で、3割は返礼品事業者の売上です。寄附する人は、実質2000円の負担で返礼品が受け取れます。「三方よし」という言葉がありますが、まさに、自治体、事業者、寄附者の三方にとって喜ばれている制度です。このふるさと納税制度、ぜひとも続けてほしいと思います。

ふるさと納税、今のしくみはいつまで続く？

ふるさと納税の寄附額は年々増加しています。2023年度はついに1兆円を超え、1兆1175億円に達したとのことです。おそらく、今後、さらに増えるものと思います。寄附額が増えるにつれて、メディアでは制度に対する厳しい論調が増えてきました。この制度、一体、何が問題なのでしょうか。私なりに整理してみました。

一つは、高額所得者ほど恩恵が大きいことです。ふるさと納税は、所得に応じた控除額の範囲内であれば、自己負担2000円で寄附額の3割の返礼品がもらえます。例えば、寄附する本人の給与年収500万円（共働きで子供2人の場合）なら、控除額3・6万円×0・

3＝約1・1万円、年収1000万円（同）なら控除額15・3万円×0・3＝約4・6万円、年収2000万円（同）なら控除額53・6万円×0・3＝約16・1万円相当の返礼品がもらえます（総務省「ふるさと納税ポータルサイト」の納税額の目安から試算）。年収3000万円、5000万円なら返礼品はもっと多くなり、高額所得者優遇への批判があるのです。

二つ目に、税金の流出超の自治体が発生していることです。住民が他自治体に寄附をすれば、その自治体に本来入るべき税収が減ります。ふるさと納税に関わる税収は、国全体で見れば「ゼロサム」ですから、税金（正しくは寄附）が流入する自治体もあれば、流出する自治体もあります。流出額は、人口の多い都市部の自治体ほど大きくなります。流出超となった自治体では、住民サービスに回す財源への影響があるものと思います。

三つ目は、地方交付税への影響です。地方交付税法では、ふるさと納税で他自治体に流出した額の75％が補填されます（地交税法14条）。10億円の流出があれば7・5億円が、100億円の流出があれば75億円が補填されます。補填額は、流出が多い自治体ほど多くなります（ただし、普通交付税の不交付団体は補填されません）。一方、流入自治体は、いくら寄附額が増えても、普通交付税は削減されません。この結果、ふるさと納税が増加するほど、地方交付税の原資が足りなくなっていくはずです。

この他、有力返礼品のある自治体への寄附の集中を問題視する意見もあります。確かに、魚貝類、肉類、米、果物など人気の返礼品がある自治体に寄附が集中し、寄附額が100億円を超える自治体もあります。しかし、これらの自治体は返礼品開発に取り組み、自治体のPR活動に努めるなどの自助努力を行った結果であり、ふるさと納税のルールに則った取り組みである以上、問題にすることは難しいように思います。

ふるさと納税制度の見直しに備える

とはいえ、ふるさと納税の問題点が指摘されている以上、今後、どこかのタイミングで、何らかの見直しが行われると思います（恩恵を受けている首長としては、決して本意ではありませんが）。見直しが行われるとすれば、おそらく、結果的に「自治体への寄附額が減少する」方向となる可能性が高いと考えています。そこで浜田市では数年前から、将来、寄附額が減るかもしれないことを想定して対応しています。

その一つは、寄附金をいったん「ふるさと応援基金」に積み立てることです。そもそも、浜田市への寄附額は、年によってかなりの増減があります。浜田市は水産都市で、返礼品の約6割は水産物関連です（金額ベース）。水産物は豊漁の年もあれば不漁の年もあります。不漁の年には返礼品が不足し、寄附額が減少することもあります。こうした増減への対応として、いったん基金に積み立て、必要な時に支出しています。

二つ目は、寄附金の「使い方ルール」を決めていることです。担当部から、ふるさと納税を財源に施策に取り組みたいとの申し出があった時には、まず、その事業が「寄附者が指定した使途であること」と「優先的に使える他の財源がないこと」を確認します。その上で、①継続事業でないこと、②経常的な事業でないこと、③寄附者の共感を得られる事業であること、の三つを基準に判断しています。

このうち、特に②については、かなり厳格に守っています。例えば、子供医療費の無償化、保育料の減免、給食費の減免、新生児子育て応援金の支給などの事業です。これらの事業は、いったん始めたらやめるわけにはいかないと考えています。ふるさと納税制度が見直され、寄附の減少で財源不足が起これば、他の財源で賄わなければなりません。であれば、最初からふるさと納税を使うのをやめよう、と決めました。

浜田市では、ふるさと納税は、家計にたとえればボーナスのようなものと考えています。ボーナスは年によって増減しますし、企業の業績によっては支給されないこともあります。

日々の生活費（経常事業）は、給与（一般財源）から支出すべきです。もちろん、今後もボーナスは欲しいですし、金額は多いほど嬉しいです。しかし、万一の寄附額の減少にも備えておく必要があると思います。

三つ目は、使途の議会でのチェックと公表です。ふるさと応援基金から引き出す時に、どんな事業に使うのかについては議会に予算案として提出、議会の承認を得ます。決して執行部だけの判断では使わないようにしています。そして、5月頃、市の広報紙の「ふるさと寄附（納税）特集」で使途を市民にお知らせしています。この内容は同時に、市のＨＰでも公表しており、全国の寄附者にもご覧いただいています。

計画的に財政運営するための基金

浜田市が行っている「健全財政を維持するための取組み」の一つは、「基金」の活用です。地方自治体は、特定の目的のために基金を設けることができるとされています（地自法241条1項）。浜田市では、計画的な財政運営のために、あるいは将来の突発的な事象の発生に備えて、それぞれに目的を持った10を超える基金を設けています。いくつか、ご紹介します。

例えば、財政調整基金です。これは、年度間の財源の不均衡を調整するためのものです。財源に余裕のある年度に積み立て、不足が生じる年度に取り崩します。家計の貯蓄と同じです。減債基金は、地方債の償還（返済）の原資として積み立てておくものです。「ふるさと応援基金」は、前述した通りです。以上の基金は、多くの市で設けられているものと思います。

浜田市独自のユニークな基金に、市民生活安定化基金があります。これは、水道料金や国民健康保険料を引き上げざるを得ない場合などに、激変緩和措置を講じるために必要な財源を積み立てておくもので2017年に創設しました。経緯は、水道料金や国民健康保険の保険料の引き上げを議会に提案したところ、議会から「市費を投入してでも、引き上げを抑制すべき」と猛反発があったことです。

引き上げの背景には、人口減少や少子高齢化の進展があります。水道事業は公営企業会計が適用され、独立採算が原則です。利用者が減少し、水道利用料収入も年々減少しています。一方、管路や貯水タンクなどの水道設備の維持や人件費など一定の固定費がかかり、水道事業会計は年々悪化しています。独立採算の観点からは、受益者である利用者に負担をお願いするのが筋ですが、厳しい経済情勢の中、利用者負担にも限界があります。国民健康保険も同じような事情です。

そこで、料金を引き上げざるを得ない場合に備え、市民生活安定化基金を設けました。財源は、市が新たに稼いだ金の半分としました。具体的には、企業誘致による固定資産税の増加、市所有不動産の売却、タイアップ広告などの収入の半分を積み立てています。これには、「稼ぐ事業を推進する」意識を高める意図もあります。水道料金や国民健康保険料の引き上げをマイルドにするためには、「もっと稼がなければ」という意識を全職員に持ってもらうためです。

この他にも、市独自の基金として、市所有土地の利活用や処分、公共施設の解体費に充てるための市有財産有効活用推進基金、公共施設の修繕・改修、長寿命化事業を推進するための公共施設長寿命化等推進基金などを設けています。公共施設の解体や修繕・改修などの事業は、今後、間違いなく増えるであろうと想定しています。それらに対応しつつ、計画的な財政運営を行うために基金を設置しています。

財政計画は中長期の視点が必要

浜田市の健全財政のためのもう一つの取り組みは、「10年間の財政計画」の策定です。

私は、金融出身の経営学の教員でしたので、市長に就任した時、予算編成の仕方に多少違和感を覚えていました。民間企業の多くは、中期あるいは長期の事業計画を作成し、投資計画を策定します。必要な資金は、長期にわたる資金計画に基づき、社債の発行や銀行借り入れなどで調達し、償還・返済が行われます。あくまでも、複数年にわたる計画に基づき、事業経営が行われているのです。

ところが、地方自治体の予算は、基本的に単年度主義に基づいて作成されています。3月に当初予算として策定された歳出予算は、4月から翌年3月末までの1年以内に執行（予算を使う）しなければなりません。実際には複数年にまたがる事業もあり、それらは前に述べたように、継続費、繰越明許費、債務負担行為などの費目に計上されますが、あくまでも例外的な扱いです。

私は、健全財政を維持するためには、中長期の視点で財政計画を立てるべきだと考えています。今後の歳入を見通し、歳出では扶助費や人件費などの義務的経費、取り組む予定の施策や事業などの費用を推定し、その上で中長期の財政計画を立てるのが理想です。例えば、小中学校の老朽化が進み建て替えが必要な場合、いつ頃建て替えればよいかの判断は、中長期の財政計画があれば、判断しやすいと思います。

浜田市では、２００５年の市町村合併時から、今後5年間を見通した中期財政計画を策定していました。しかし、私は市長に就任した時、もっと長期の計画が必要だと思いました。その理由は、過疎法が10年間の時限立法であることや、財政上の制約から事業着手を6~7年先にしなければならない事業もあるからです。事業を待ち望んでいる市民に、仮に6~7年先であっても、できるだけ予定時期をお知らせしたいと考えています。

こうした理由で、2016年から「期間10年の中期財政計画」を作成しています。この計画は、毎年12月にローリング(見直し)を行っています。歳入見通しの変更、歳出における新しい事業の追加、変更などを踏まえ、新たな10年計画を策定しています。こうして、浜田市の中期財政計画は、常に10年先まで見すえた計画となっています。この計画によって、当市では現在、健全な財政運営ができているのだと思います。

大きな課題は公共施設の老朽化

今後の財政運営で最も心配しているのは公共施設の老朽化の問題です。これも浜田市を例に説明します。

先に述べたように、浜田市は2005年10月に1市3町1村が合併しました。合併前の市町村が所有していた公共施設は、ほぼそのまま新市に引き継がれました。2013年9月に、改めて市が所有する公共施設を調査したところ、575ありました（行政目的の行政財産のみ。この他、特定の用途や目的を持たない普通財産が78ありました）。

主な施設は、小中学校（29）、幼稚園・保育園等子育て支援施設（13）、公民館（33）、図書館・博物館（16）、集会・文化施設（30）、福祉・保健・医療施設（21）、スポーツ・レクリエーション施設（30）、和紙会館・道の駅などの産業系施設（29）、上下水道関係施設（49）、ゴミ処理等の施設（5）、消防施設（92）、市役所庁舎（8）、公営住宅（101）などです。

こうした施設の多くは、1970～80年代に整備され、実際、調査時点（2013年）で、築30年以上は約4割あり、10年後（2023年）には約6割と見込まれていました。中にはすでに老朽化に伴い更新時期を迎えているもの、耐震性の問題を抱えているものなどもあり、施設の更新や維持補修に膨大な費用がかかることが想定されました。

そこで、2016年3月に公共施設再配置計画を策定しました。この計画では、公共施設を、将来、①廃止あるいは譲渡すべき施設、②他施設と複合化や統合を進めるべき施設、③更新期に建替える施設などに整理しました。そして、地元の皆さんに説明し理解を得つつ、計画に基づいて廃止、統合を進めています。その結果、2013年には575あった施設が、2023年3月末時点で481に減少しました。

しかし、問題はこれからです。残った施設のうち、①の廃止または譲渡すべき施設を除いても、現時点で361施設が残ります。これらをすべて方針通り統合・複合化や建て替えるとなれば、膨大な整備費用が必要となります。

例えば、小中学校では建て替えの対象が25校あります。そのうち、5校は今後10年以内に、20年以内では10校が更新期を迎える見込みです。整備費は規模にもよりますが1校あたり30〜70億円が見込まれます。もし20年以内に10校を建て替えるとなれば、仮に1校40億円とすれば10校で400億円くらいかかります。

整備が必要な公共施設は、小中学校の他にも、幼稚園、公民館（現、まちづくりセンター）、消防施設、市庁舎などたくさんあります。それらの整備費用は膨大な数字になるはずです。

公共施設だけではありません。例えば、水道管路の老朽化などの問題もあります。浜田市には水道の管路は総延長で1100キロメートルあり、その多くは1970〜2010年にかけて整備されました。管路の法定耐用年数は40年とされており、今後10年以内に約220キロ、20年以内で約600キロが法定年数を迎えます。法定年数を経過した管路は、原則的に取り換え工事をしなければなりません。

一般に管路更新費用は1キロメートルあたり2億円と言われており、仮に600キロの管路を更新するとしたら、単純計算で1200億円程度の更新費用がかかります。水道事業は公営企業会計ですが、浜田市の場合、年間の投資予算はせいぜい8億円程度です。それでは到底、間に合いません。高齢世帯の多い浜田市では、利用者に全部の負担をお願いするわけにもいきません。管路更新の財源をどうするのか。これも頭の痛い問題です。

こうした公共施設等の老朽化の問題、おそらく全国各地の自治体でもあるはずです。こうした問題にどう対応するか、地方自治体だけでなく、国にとっても大きな課題だと思います。

第5章

役所が取り組む「施策」とは

政策と施策、どう違う？

役所は様々な行政サービスを行っています。転入転出の手続き、福祉・介護事業、小中学校の運営、家庭ゴミの処理、水道事業、消防などです。こうした仕事はもちろん大切です。しかし、役所の役割が「住民福祉の増進を図ること」という観点から考えれば、こうした行政サービスだけでなく、その時々の行政課題や住民ニーズへの対応、将来の自治体の発展のための基盤づくりや、環境整備などにも取り組まなければなりません。

そこで、本章では、行政課題や住民ニーズへの対応や将来の自治体発展のための取り組み、すなわち地方自治体の政策と施策についてお話しします。

皆さんは、「政策」と「施策」の違いがお分かりになりますか。本書でも、これまで政策や施策という言葉が何度も出てきました。ここで改めて、政策と施策の意味を整理したいと思います。

「政策」という言葉は様々な立場から定義されており、統一的な定義はありません。総務省の「政策評価の実施に関するガイドライン」（2012年改正）では、政策とは「特定の行政課題に対応するための基本的な方針の実現を目的とする行政活動の大きなまとまり」、施策とは「基本的な方針に基づく具体的な方針の実現を目的とする行政活動のまとまりで、政策を実現するための具体的な方策や対策」と定義しています（ガイドラインによれば、さらに、具体的な方策や対策を具現化するための行政手段として「事務事業」があります）。

行政評価法では、政策とは、「行政機関がその任務又は所掌事務の範囲内において、一定の行政目的を実現するために企画及び立案する行政上の一連の行為についての方針、方策の他これらに類するもの」（行政評価法2条2項）と定義しています。また、広辞苑（第7版）を見ると、政策とは「政治の方策」であり、英語言えばpolicy、施策とは「ほどこすべき対策」と説明しています。

この他にも様々な定義、説明が行われていますが、地方自治体をテーマとした本書においては、次のように定義します（あくまでも、本書における定義です）。

地方自治体にとって、

「政策」とは、地方自治体が行政課題に対して対応する方針や方策

「施策」とは、地方自治体の政策の実現などのために取り組む具体的な対策

ここで行政課題について補足説明をします。地方自治体は様々な課題を抱えています。例えば、人口減少問題や高齢者福祉の充実といった大きなテーマの課題もあれば、鳥獣被害対

策や空き家の増加などもあります。すべてに政策を掲げて取り組むとなると、政策が数百にもなってしまいます。そこで、政策として対応するのは比較的大きなテーマの課題とし、その他を地域課題と呼ぶことにします。そして、施策は、政策の実現だけではなく、地域課題に対する具体的対策も含むものとします。

政策と施策、それぞれがイメージできるように具体的に説明します。例えば、少子化問題という行政課題に対する「政策」としては、「出会い・結婚・出産を応援し、子育て支援を充実させる」などがあります。この政策に対する「施策」としては、①婚活イベントを企画する、②結婚お祝い金制度を創設する、③不妊治療を支援する、④保育園を整備し待機児童をなくす、⑤子ども医療費や学校給食費を無償化する、などが考えられます。

政策は、首長の自治体行政への思い

ところで、政策は一体誰がつくるのでしょうか。答えは、首長か議会です。近年、議会の政策立案力の向上が言われています。しかし、現実には、政策立案者は圧倒的に首長です。

そもそも首長は、自分の考える政策を実現させるために選挙に立候補し、首長になったはずですから当然と言えば当然です。それに、首長には予算提案権があり、政策を実現させられる立場にあります。政策立案は、首長の最大の仕事の一つです。

政策立案のベースにあるのは、行政課題への認識です。首長が行政課題をどのように認識するかによって政策は変わってきます。産業振興、高齢者福祉、子育て支援、教育の充実、道路等のインフラ整備など、政策テーマはいろいろありますが、首長の行政課題への認識によって、どんな政策に取り組むかが変わってきます。政策は、「首長の自治体行政への思い」と言うこともできると思います。

行政課題は時代によっても変わります。今から20数年前には、財政再建や行財政改革が大きな行政課題でした。当時は、人口減少はあまり問題視されていませんでした。しかし、10数年前から人口減少や少子化問題が大きな課題となっています。また、コロナ禍以降、デジタル化や自治体ＤＸの推進が課題となっています。そして、常に変わらない課題には、子育て支援、高齢者福祉の充実などがあります。

政策は、必要に応じて修正されることもあります。前提となる行政課題が変化するかもしれませんし、優先度が高まったり、あるいは逆に低くなったりする可能性もあります。首長自身の気づきで、新たに取り組むべき政策が出てくる可能性もあります。もし、政策の変更や修正が必要なら、次年度予算の審議を行う3月定例会（議）において、次年度の施政方針の表明の中で行うのが一般的です。

首長が、選挙に立候補するにあたって表明する政策（場合により施策）を公約と言います。選挙運動中に有権者に、自分が当選したら取り組むと約束するものです。当選したら、公約に掲げた政策（あるいは施策）に取り組まなければなりません。当選後の議会で行われる所信表明の際に、改めて公約を述べ、その実現に向けて努力しなければなりません。投票してくれた人の多くは、公約を見て（聞いて）投票したはずですから、当然です。

首長の選挙公約には制約がある

首長選挙に立候補する時に掲げる公約は、どんな内容でもいいのかと言えば、そうではないと思います。実現の可能性がほとんどないものや社会通念上問題があるような公約を掲げるべきではありません。公約には、自ずと一定の制約があると思います。実現可能性の観点から言えば、特に財政面での制約です。

コロナ禍の首長選挙では、全国各地で金銭のバラマキ公約を掲げる候補者が現れました。これきっかけは、コロナ禍が始まった頃、全国民に一人10万円の給付が行われたことです。これは国策による給付事業で、全額国費で賄われました。浜田市は人口が約5万人ですから、国から50億円プラス事務経費数億円が交付されました。浜田市の財政規模（一般会計予算約400億円）の約15％にあたります。全国で給付金に約13兆円が使われたとのことです。

この給付事業、実はその後、困った事態を引き起こしました。浜田市においても、市民から「一人○万円の給付をしてほしい」との投書が何件もありました。議会でも「全市民一律に○万円の給付をすべきではないか」との質問もありました。市民一人に10万円を給付するとなると50億円が必要です。半分の5万円なら25億円です。これに振り込み手数料などの事務経費がかかります。実行するとなれば、市の一般財源を使うことになりますが、財政規律を考えれば到底、できることではありません。

ところがその後、首長選挙で「私が当選したら、住民一人に○万円を給付します」を公約に掲げる候補者が全国で相次ぎ、当選した人もいました。当選した首長は公約通り「住民一人○万円給付案」を議会に提出すると、議会は「将来の住民サービスに影響が出る」などの理由で反対しました。首長は住民に、「議会の反対でできなかった」と説明したそうです。

一律の給付金を公約に掲げて立候補すれば、一定数の住民は「○万円もらえるなら」と投票する気がします。はたして、このような公約は掲げてよいものでしょうか。財政を毀損するといった問題だけではなく、合法的な買収行為のような気もします。将棋で言えば「禁じ手」です。候補者が将来、真に市政を担うつもりであるなら、このような公約は掲げるべきではないと思います。

政策は重要だが、より重要なのは施策

政策は、自治体の行政課題に対する対応方針です。多くの場合、政策を掲げるのは首長です（議会から提言されることもありますが）。首長が政策を示すと、その方針に沿った施策を自治体職員は考えます。従って、政策は市政の方向性を決める大変重要な意味を持っています。しかし、政策はあくまでも方針であり方向性です。実現させるには具体的な対策が必要です。つまり政策も重要ですが、より重要なのは施策だと思います。

施策がより重要である理由の一つは、具体的な対策であるからです。例えば、「企業誘致や産業振興に取り組み働く場を確保する」、「子育て支援を充実させ、子育て世代が住みやすいまちをつくる」、「高齢者が安心して暮らせるまちにする」などの政策は、もちろん重要です。しかし、政策を実現させるためには具体的な対策が必要です。具体的な対策が施策なのです。

二つ目は、行政課題以外にも取り組まなければならない課題があることです。行政課題が

図表5-1　政策と施策のフローチャート

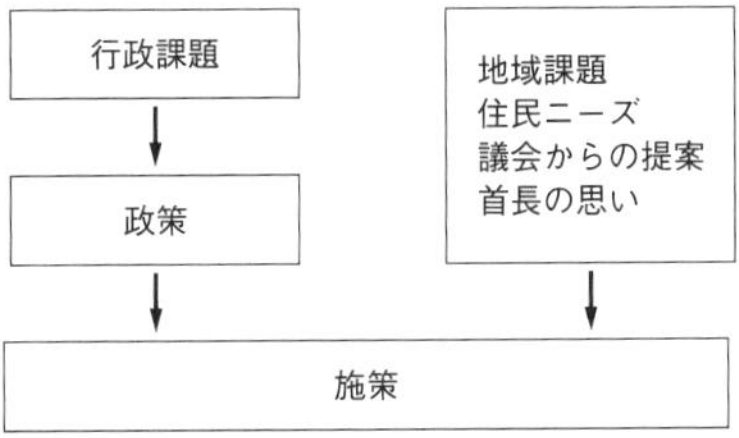

（出所）筆者作成

比較的大きなテーマの課題とすると、地方自治体はその他に様々な地域課題にも対応しなければなりません。課題対応だけでなく、議会や住民からの要望やニーズもあります。首長の「こうした事業に取り組みたい」の思いもあります。こうしたことに取り組むのも、施策の役割です（図表５―１参照）。

三つ目は予算の問題です。方針や方向性を示す政策そのものに予算をつけることは難しいですが、施策に予算をつけることはできます。例えば、企業誘致という政策では、「企業立地補助金制度の創設」という施策、少子化対策という政策では「結婚したカップルに○万円のお祝い金を給付」や「不妊治療1回につき○万円の助成」のように、それぞれの施策に予算をつけることができます。

こうした理由から、より重要なのは具体的な施策だと思います。

施策を発案するには5つのルートがある

ところで施策は一体、誰が考えるのでしょうか。私の経験から言えば、施策の発案には5つのルートがあります。①国が提供する好事例情報、②地方議員からの提案、③市民からの提案や要望、④職員の発案（ボトムアップ）、⑤首長の発案（トップダウン）、です。

大いに参考になるのは、①の国が提供する好事例情報です。各省庁のホームページを見ると、各自治体が取り組む施策が紹介されています。地方自治体はそれぞれ、知恵を出し工夫を凝らして様々な取り組みを行っています。国は、地方分権に舵が切られた2000年頃から、先進的取り組みを紹介し横展開を図っています。他自治体の良い施策は、そのまま「まねる」こともありだと思います。

②の地方議員からの提案で多いのは、議員が地盤とする地域の困りごとや要望です。「道路の草刈り助成額を引き上げしてほしい」、「農機具の購入費の負担が大きい。補助制度を考えてほしい」、「○地区の市道が狭い。拡幅してほしい」などです。また、行政視察などで見た他自治体の取り組みを引き合いに、「有機農業支援のため学校給食で有機米を提供してほしい」、「不登校の子供たちの居場所を学内につくってほしい」などの提案です。

③の市民からの要望や提案も多くあります。浜田市には、市民が直接、市長に要望や提案できる「市長直行便」という制度があります。市内の公共施設に置いてある専用のハガキかメールで市長に要望、提案できます。例えば、「○地区の街灯を増やしてほしい」、「敬老福祉乗車券の購入可能冊数を増やしてほしい」、「サッカーボールを蹴られる公園をつくってほしい」などの要望や意見が、ほぼ毎日、寄せられています。

首長として一番嬉しいのは、④の職員からの発案が増えることです。④が増えれば、職員の施策立案力が向上し、市役所内が活性化します。しかし施策の立案には多くのハードルがあります。事業のしくみ、法的な問題、施策の効果、事業費の見込みと財源確保の目途、国・県の財政支援など、詰めるべき点が多くあります。せっかく職員が施策を考えても、課長や部長から「ストップ」がかかることもあります。

浜田市では、市長から職員に「生煮えでも結構。どんどん施策を持ち込んで」と呼びかけ、市長を交えた「施策ミーティング」を頻繁に行っています。場所は、市長室の長テーブルでそばにホワイトボードが置いてあります（大学のゼミ室の雰囲気です）。市長から「この点はどうなの？」とホワイトボードを使って指摘し、よい提案なら「よしやろう。財政課に予算の相談を」と指示します。ミーティングは、案件の都度、ほぼ毎週開催されています

（職員の発案した施策は、後ほど紹介します）。

⑤の首長の発案も結構あります。首長の多くは情報に貪欲で、アンテナを高くして情報収集に努めています。地域や団体を訪問した現場の声から、あるいは新聞、雑誌、テレビから施策のヒントを思いつくこともあります。首長の発案はかなり強力です。首長が施策を「やろう」と言えばかなりのことができます。なぜなら、首長には予算の提案権があるからです。

全国的に注目された職員の施策提案

浜田市の職員が発案した施策には、全国的に評判となり、多くの行政視察が訪れたものもあります。そのいくつかを紹介します。

一つは、「シングルペアレント介護人材育成事業」です。日本創成会議のいわゆる「増田レポート」（2014年）で、浜田市が消滅可能性都市とされたことをきっかけに、女性職員が、「女性が住みやすいまち」をテーマに勉強会を立ち上げました。この勉強会で、「地方都市は子育てしやすい環境にある。ひとり親に子連れで移住してもらい、不足している介護職として介護事業所で働いてもらったらどうだろう」の意見が出ました。

施策ミーティングで、私から「社会的にも意義がある」とゴーサインを出し、詳細を詰めてもらいました。地方創生交付金の対象に採択され、移住支度金、養育支援金、家賃助成などの支援策をつくりました。事業に賛同する自動車販売会社から中古車の無償提供もありました。その結果、2015年からの5年間に19世帯が移住して来られました。内閣府の事例集やメディアにも取り上げられ、全国から100件近くの行政視察がありました。

二つ目は、「移動期日前投票車の導入」です。人口減少が進み、投票所の立会人の選出が難しくなったことから、2016年に市内78カ所の投票所を70カ所に減らすことにしました。しかし、投票所がなくなれば投票しない人も出てきます。投票率の低下を心配した選挙管理委員会職員が移動投票車のアイデアを思いつき、市長室に相談に来ました。私は「面白い。法的に問題ないか詰めてください」と指示し、検討を開始してもらいました。

出来上がった施策案は、市所有のワンボックスカーに記帳台や投票箱を設置し、立会人が同乗し、従来の投票所であった集会場等に、期日前に日時を決めて巡回するものです。二重投票を防止するために、現地から携帯電話で本庁の選挙管理委員会に有権者情報を確認するなどの対策も講じ、2016年の参議院選挙から導入しました。この施策、全国初の取り組みであり、メディアにも大きく取り上げられ、毎年、多くの行政視察があります。

三つ目は、「全国の浜田さん、いらっしゃい事業」です。浜田市の礎である浜田藩は江戸幕府により1619年に設置されました。400年後の2019年、市を挙げ「浜田開府400年祭」を祝うこととしました。記念行事の検討段階で、400年祭担当の職員が提案したのが「全国の浜田さん、いらっしゃい事業」です。全国には浜田姓の方が16万人いるそうです。全国から浜田さんに来ていただき、一緒に400年祭を祝ってもらおうという施策です。

浜田市を来訪された「浜田さん」には、ペアで1万円の宿泊費助成、施設利用割引付きの特別住民票交付、花火大会や夜神楽公演の無料招待などの特典をつけました。結局、212組363人が当市に宿泊され、特別住民票交付者が277名、メルマガ登録者が87名ありました。全国から来られた浜田さんは、いわゆる「関係人口」として、その後もふるさと納税などを通じて当市を応援していただいています。

四つ目は、「若い音楽家の誘致」です。2019年12月に、「特定地域づくり事業推進法」が公布されました。定住担当課の職員が、この法律を活用した人材誘致策を検討してくれましたが、一番の課題は制度の肝となるマルチワーカー（季節ごとに複数事業に従事）をどうして見つけるかでした。そうした中、担当職員が、地元の音楽団体が音大生を募集していることを聞きつけ、音大生にターゲットを絞った施策を検討してくれました。

音大卒業生の多くは「卒業後も音楽を続けたい」のですが、実際に音楽関係の仕事に就ける人はごくわずかだそうです。そこで、保育園経営の事業者などで事業協同組合を設立し、音大卒業生をマルチワーカーとして雇用し、組合員の事業所に派遣するしくみを考えてくれました。音大卒業生は、保育所や放課後児童クラブなどで幼児教育に従事し、「副業」で個人レッスンを行ったり、謝金をもらってイベント等で演奏することもできます。この事業も各方面から注目され、多くの視察があります。

施策取り組みの判断はデータに基づく

私は大学では、極力データに基づいた判断をするように指導していましたが、役所は結構、ファジーな情報で施策に取り組んでいる気がします。「市民の声があるから」、「議会から言われたから」、「他の自治体でやっているから」などです。もちろん、市民の声や議会の提案は尊重しなければなりません。しかし、取り組むかどうか、取り組む場合の具体案の判断は、極力、データに基づいて行うべきだと思います。いくつか、事例を紹介します。

市長に就任して間がない頃、住民から「特別養護老人ホームに申し込んでいるが入れない。施設を増やしてほしい」との要望が多く寄せられました。すぐに担当者に調べてもらったところ、入所申込者数が毎年の空きベッド想定数の約3倍あり、3年待たないと入所できないということでした。そこで私は、いくつかの施設を訪問し実情を聞くと、「空きが出て申込者に連絡したところ、入所を辞退するケースが結構ある」との話を聞きました。

実態はどうなっているのか？　入所者を紹介するケアマネージャーや全施設に協力してもらい調査を行いました。その結果、①入所希望者一人につき2～6カ所の入所申込をしている、②入所者本人の入所意思を確認せず、家族が申し込んでいるケースが多くあることが分かりました。待機期間は、本当は3年ではなく8カ月程度でした。調査結果を踏まえて不足ベッド数は約30床と判断し、それをもとに施設の整備計画を策定しました。

もう一つは、観光客数のデータについてです。地方自治体の主要施策の一つに、観光振興があります。どの自治体も、観光部署を中心に、様々な観光施策に取り組んでいます。しかし、どの程度の効果があったのか、担当者に聞いても、よく分からないとの返事です。観光振興の報告を受ける度に、モヤモヤ感がありました。

各都道府県が発表している数字に「観光入込客数」があります。これは、他地域から観光、レジャーで訪れた人数を、観光庁の「観光入込客統計に関する共通基準」に基づき、市町村の協力を得て都道府県が取りまとめたものです。具体的には、市町村から、決められた観光地点（博物館、宿泊施設など）の管理者、イベント等の運営者に、入館者数や参加者数を確認し、海・山に遊びに来た人など人数把握が難しいものは駐車場台数、交通量などから推計して作成されます。

この観光入込客数は毎年6月頃、各都道府県から前年度の数字が発表されます。しかし、この数字は、①推計値であることに加え、②年1回の発表であり、月々の動きまでは分からないなどの課題がありました。そこで、もっとタイムリーに把握できる数字はないか、検討の結果、たどりついたのが「宿泊者数」です。市内の50数カ所の宿泊施設に協力をお願いし、毎月初めに前月の宿泊者数を報告してもらうことにしました。

この宿泊者数データを取り始めて、意外な発見もありました。コロナ禍にあって、確かに温泉旅館の宿泊者数は減りましたが、ホテル利用者はあまり変わらず、宿泊者総数がコロナ禍前を上回る年もありました。この間、市内で大規模な建設工事があり工事関係者が宿泊した影響でした。また、スポーツ大会や各種研修会などの大規模大会がある時には宿泊者数が増えます。そこで、観光振興だけでなくイベント・大会誘致などにも取り組んでいます。

観光振興や企業誘致はターゲットを明確にする

マーケティング（経営学の一分野）では、セグメンテーションやターゲッティングという概念があります。セグメンテーションは「区分」という意味で、顧客を様々な切り口で分類し、グループ（セグメント）をつくることです。ターゲッティングは、セグメンテーションで分類した顧客の中から、ターゲットを選定することです。ターゲットを絞り、そのターゲットに向けて経営資源を投入することによって効果を上げるという経営手法です。

私は、行政にはこうした発想が乏しいように感じていました。観光パンフレットをつくることには一生懸命ですが、どこに住んでいるどんな人をターゲットにするのか、どこで配布すれば効果的かなどはあまり検討されていません。私は浜田市の場合、浜田道（広島までの高速道路）を使い、山陽方面から個人またはグループで来る人をターゲットにすべきと考えました。そこで広島市内に浜田市広島事務所を設置、広島在住者向けに観光誘客の活動をしてもらっています（広島事務所では、販路開拓、企業誘致の活動も行っています）。

ここ数年は、SNSでの発信に力を入れています。現在は、どこに観光に行こうか、どのお店で何を食べようか、多くの人はスマホで検索し、判断しています。SNSであれば、全国からアクセスでき、パンフレットのような配布や設置の手間も省けます。浜田市では、従来の紙媒体での観光PRからSNSの活用にシフトしています。現在、SNSに加えて、デジタルを活用した観光誘客のしくみを検討しています。

観光戦略で、課題と感じているのは外国人観光客（インバウンド）対策です。浜田市は、日本遺産に認定された石見神楽の本場です。神楽衣裳などの工房もあり、夜神楽公演も行われています。外国人観光客に石見神楽を観に来てほしいと考えています。その場合の外国人は欧米人かアジア人か？　個人・小グループか団体か？　など、ターゲットをどう考えるかによって、インバウンド戦略は変わります。現在、広島市を訪れた欧米の個人・小グループ、台湾からの団体客をターゲットに観光戦略を練っています。

企業誘致でも、ターゲットが重要です。市内の大学生や高校生からは、勤めたいと思える企業が少ないとの声を聞きます。しかし、浜田市の地理的要因（平地が少なく、交通アクセスがよくない）などもあり、大手製造業の進出は難しいと考えています。今、誘致で力を入れているのは農業法人、水産関連事業者、IT企業です。市域の多くは中山間地域で、海という資源もあります。IT企業なら設備投資が少なくて済みます。実際、大手酪農事業者の誘致に成功し、乳牛約1300頭を飼育し、20数人の若者を雇用してもらっています。

ポツンと自治体では、まずは働く場の確保

人口減少対策に関連して、市議会や住民の集まりで、よく引き合いにだされるのがA市（兵庫県）やN市（千葉県）です。議員や市民から「A市やN市のように、子育て支援を充実させるべきではないか」といった質問があります。

確かに両市は子育て支援に力を入れ、子育て世代を中心に転入者が増加しているそうです。両市の施策、大変すばらしいと思います。浜田市でも参考にして、子育て支援策に力を入れています。しかし、残念ながら、当市の人口は増えません。若者や子育て世代の人口もマイナスを続けています。

当市とA市やN市との決定的な違いは、近くに、若者や子育て世代が働きたいと思える職場があるかどうかだと思います。A市は、大都市である神戸や大阪の通勤圏内にあり、N市も、東京都心まで電車で40分程度で通えます。大都市には大企業や魅力ある仕事の職場があります。A市やN市では、子育て支援を最重点に置いた、いわゆる「ベッドタウン」政策に取り組むことが可能です。

私は、講演などで浜田市について「ポツンと自治体」と言うことがあります。近隣（通勤

時間が概ね40分以内）に、大きな都市（最低でも人口20万人以上）がないからです。近くに大きな都市があれば、そこには様々な業種の仕事があり、従業員を多く雇用する企業もあります。すると、A市やN市のように徹底して子育て支援などに取り組むことができます。

ところが、ポツンと自治体では、自前で若者や子育て世代の「働く場」を確保しなければなりません。しかし、企業誘致は簡単ではありません。仮に実現するとしても時間がかかります。並行して産業振興に取り組み、地元企業の業績向上や業容拡大を支援し、地元企業にもっと多くの雇用をしてもらわなければなりません。企業誘致や産業振興は、ポツンと自治体にとって、最優先で取り組まなければならない取り組みです。

産業振興の基本は「外貨」を稼ぐこと

産業振興の基本は、「外貨」を稼ぐことです。市外のお金を、市内に取り込むことです。外貨を稼ぐ方法の一つは、地産品の販路拡大です。浜田市の地産品事業者の大半は、小規模事業者で、販路開拓に苦労しています。そこで、販路開拓の支援部隊を市役所内に配置し、「地域商社」の役割を担わせています。職員は、東京や大阪などの大手百貨店や大手スーパーなどを訪問し、浜田市の産品を取り扱っていただけるよう、働きかけています。ふるさと納税も、地産品の販路拡大の大きなツールになっています。

観光振興などによる交流人口（地域を訪れる人）の拡大も重要です。交流人口を増やして、訪れた人にお金を使ってもらう。そのためには、できるだけ滞在時間を長くしてもらう施策を考えるべきです。浜田市には、日本遺産にも認定された伝統芸能の石見神楽がありますす。市観光協会に協力してもらって、毎週土曜日、地元の神社で夜神楽公演を行うなど、ナイトタイムエコノミー（夜間の経済効果）にも力を入れています。

交流人口対策として、観光客以外にビジネス客の増加にも取り組んでいます。例えば、リレーマラソン大会などのスポーツ大会、行政や業界団体主催の全国大会、地元大学を会場とする研究大会、各種研修会などの誘致です。また、国際貿易港があり、大型クルーズ船や、南極観測船「しらせ」を始めとする自衛隊艦艇の寄港誘致にも取り組んでいます。自衛隊艦艇が寄港した際には、市内外から多くの見学者があります。

市が受け入れる「行政視察」も交流人口増加に一役買っています。私は職員に、全国から行政視察が訪れるような施策に取り組んでほしいと言っています。そして、行政視察の受け入れの時間は、できるだけ「朝10時頃か、午後3時過ぎ」とも言っています。交通アクセスの良くない浜田市の場合、朝10時頃に来てもらうためには「前泊」を、午後3時過ぎからの事業説明であれば「後泊」をせざるを得ません。視察団に宿泊してもらえれば、経済効果が期待できるからです。

毎月の「ロードマップ会議」で施策の進捗管理

市長になって疑問に思ったことに、予算が議会で承認された「後」のことがあります。施策は、担当部署で検討され予算化されます。多くは次年度当初予算として3月定例会議に提出され、常任委員会で検討されます。浜田市では、予算決算委員会でほぼ3日間、夜7時頃まで審議が行われます。ところがいったん承認された施策の多くは、次に議会でチェックされるのは、決算認定が行われる1年半後の9月定例会議です。当然、計画通り実施される施策もあれば、そうでないものもあります。

予算承認後の進捗管理は、担当部署が行います。私は、予算の提案責任者として、担当部署任せでいいのかと思っていました。そこで、始めたのが施策の「ロードマップ会議」です。これは、民間におけるPDCA会議とほぼ同じです。会議のメンバーは、市長をトップに、副市長、関連部長と施策担当課職員で、毎月、まる1日かけて行います。進捗していないならば何が問題か、メンバーで課題を共有し一緒に解決方法を考えます。

このロードマップ会議は、一義的な目的は進捗管理ですが、職員教育にも役立っています。職員の施策立案力の向上、施策進捗に対する責任感の醸成、施策達成によるモチベーションアップなどの効果もあります。さらに、係長以下の職員と市長など幹部職員がコミュニケーションをとる場にもなっています。このロードマップ会議の結果は毎年7月頃、施策ごとに評価（○△×）をつけて、市のＨＰで公表しています。

ロードマップ会議は、飛行機に例えれば、離陸して水平飛行に入るまでのテイクオフ期における進捗管理と考えています。新年度が始まり、施策に取り組みますが、軌道に乗るまでには最低数カ月、長いものでは2、3年かかります。この期間の活動が重要です。進捗管理の過程で、もし計画通りに進んでいないようであれば、何が問題か、解決のために何をしなければならないかを考える必要があるからです。

ロードマップ会議では、「計数管理」項目も設けています。水平飛行期に入ったあとの施策の状況や市政の動向を知るため、年度初めにあらかじめ決めた計数を毎月（または3カ月ごと）、報告してもらっています。例えば、防災防犯メールの登録者数、防災出前講座の実施件数、敬老福祉乗車券の交付状況、結婚新生活応援金の申請状況、不妊治療助成金の申請状況、再生可能エネルギー設備の申請状況、文化施設等の入場者数、火災発生件数、救急車出動件数、消防団員数などです。

施策をどう市民に伝えるかが市長の悩み

市が取り組む施策は、通常、各年度の初めに市の広報誌やホームページで発信しています。しかし、施策を打ち出しても、「知らなかった」と言われることが度々あります。市民になかなか伝わらないのが悩みでした。

浜田市は高齢者の多い市です。高齢者の多くは文字情報よりも「耳」から入る情報が喜ばれます。そこで活用しているのが地元ケーブルテレビです。市からのお知らせ番組「浜っ子タイムズ」に担当職員が出演し、新しく始まった施策の説明やお役立ち情報などの話をしてもらっています。職員がパネル等を使いながら説明しており、分かりやすいと好評です。

市長就任の翌年のことです。地元ケーブルテレビから、「市長が市政を語る」番組をつくりたいとの相談がありました。市長がテレビで直接語りかければ視聴率も上がるだろうとの思惑もあったものと思います。私のほうも、直接市民の皆さんに市の取り組みについて話すことができる機会になると考え、すぐに了解しました。講演形式だと堅苦しくなり、準備も大変です。そこで、アナウンサーとの対話形式にしてもらいました。

2014年5月から、私が市政を語る番組『扉を開けて』が始まりました。毎月、市の施策やその時々の市の話題について、アナウンサーの女性から質問を受け、それに対して、パネルなどを使って答える形でお話ししています。15分の番組ですが、A4で1枚程度のシナリオがあるだけで原稿はありません。原稿を読めば、なかなか相手に伝わりません。視聴者に語りかけるように話すことを心がけています。この番組、すでに110回を超えました。

情報を伝えるには、メディアに取り上げてもらうことも有効です。特に多くの市民が読んでいる地元紙に取り上げられれば、すぐに情報が広がります（良い情報だけでなく、悪い情報も）。そこで、メディア対応の工夫もしています。メディアは「初モノ」や「一品モノ」を喜ぶそうです。「初モノ＝全国初とか県内初」、「一品モノ＝浜田市だけとかこの地域だけ」などです。国の子育て給付金のようにどの自治体も行うような事業は、できるだけ「県内第1号」になるようにスピードアップに努めています。

最大の行政課題は人口減少問題

本章の最後に、地方自治体にとっての最大の行政課題である人口減少問題についてお話しします。

わが国の人口は、２０１０年の1億２８０６万人をピークに、減少局面にあります（5年ごとの国勢調査ベース。実際のピークは２００８年）。つまり、約15年前から人口減少が始まっているのです。ところが浜田市は、１９５５年の9万１４９５人（国勢調査ベース。市町村合併勘案後）をピークに、その後約70年間ずっと減少し続けています。直近２０２０年は5万４５９２人（同上）ですから、この70年間に何と4割も減少したことになります。

人口の増減は国レベルで考えると、出生数と死亡数の差です。わが国の人口が２０１０年をピークに減少に転じたということは、この年を境に、死亡数が出生数を上回ったということです（実際には海外との間の人口移動が加減算されます）。これに対して、地方自治体の人口増減は、自然増減（出生数と死亡数の差）に社会増減（他自治体との間の転入と転出の差）を加えたものの合算です。

浜田市の人口が70年間、ずっと減少し続けていた主因は「社会減」が続いていたからだと考えています。高校を卒業した若者（１９９０年～２０００年代は毎年８００～９００人、現在は約４５０人）の多くは、進学や就職でいったん県外に転出します。大学や専門学校に進学した若者が、卒業後地元に帰ってくればいいのですが、多くは帰ってきません。その一番の理由は、地元に若者たちが働きたい企業が少ないからです。

わが国では、1960年代から70年代にかけて企業の地方立地が進みました。企業は高度成長期に、生産規模を拡大するため地方進出を計画し、自治体側も熱心に誘致活動を行いました。その結果、各地に分工場がつくられ、浜田市にもいくつかの分工場ができました。しかし、浜田市の場合、地理的制約があり（急峻な山が海岸線まで迫り工場用適地が少ない、交通アクセスが悪いなど）、多くの若者を雇用できるほどの企業誘致は進みませんでした。

前に「ポツンと自治体」の話をしました。浜田市には通勤圏内に大都市がなかったため、何十年もの間、若者の流出が続き、人口の社会減が続きました。若者が減れば当然、婚姻数が減少し、その結果、出生数も減少します。つまり、「社会減が自然減を引き起こしている」のです。

しかし、嘆いてばかりいても始まりません。まずは若者の働く場の確保と考え、企業誘致や産業振興に取り組んでいます。また、石見神楽を続けるために地元に残りたい、Uターンしたいという若者がいることから、石見神楽の振興にも力を入れています。

さらに、前述の若い音楽家だけでなく、セミプロの地元サッカーチームやフットサルチームを支援し、選手のＵＩターンを応援しています。他にも地域おこし協力隊を積極的に採用するなど、可能な限りの施策に取り組んでいます。

より深刻なのは少子化の進展

人口減少問題のうち、より深刻なのは少子化の進展です。わが国の出生数は、１９７１〜74年の第二次ベビーブームの年約２１０万人をピークに減少を続けています。１９８９年、合計特殊出生率が「ひのえうま」の年を下回る１・57まで低下、出生数は１２５万人となりました。これを契機に政府は、１９９０年頃から子育て支援を中心とする、少子化対策に乗り出しました。しかし、対策の実効は上がらず、出生数はその後も低下し続けました。

１９９０年代後半から２０１０年代前半にかけての間（特に２０００年前後）に、第二次ベビーブームで誕生した若者たちが結婚することによる「第三次ベビーブームの到来」が期待されていました。しかし、期待は外れました。１９９０年代から強まっていた「非婚化」、「晩婚化」といった社会変化に加え、バブル経済の崩壊、金融システム不安に端を発した経済危機、リーマンショックなどの経済情勢が重なり、出生数は減少し続けたのです。

その後、出生数は２０１６年に97万人になり、初めて１００万人を下回りました。その後も減少し続け、コロナ禍前の２０１９年には87万人になりました。そして、２０２０年１月頃、新型コロナ感染症が発生しました。その後の出生数は、コロナ禍も加わり、減少ピッチ

図表5-2　浜田市の人口と出生数の推移（2000年以降）

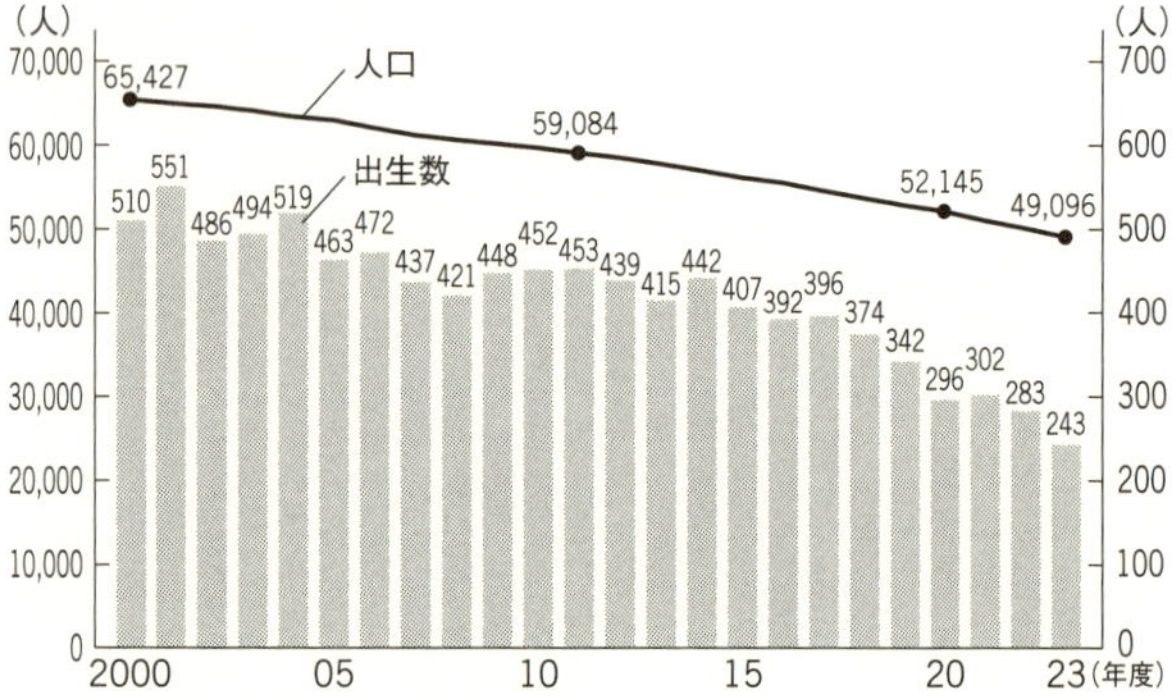

※人口、出生数ともに「住民基本台帳」による
（出所）浜田市資料

はさらに加速しています。２０２０年84・８万人、２０２１年81・１万人、２０２２年77・０万人、２０２３年72・７万人となり、２０２４年には70万人を割り込む見込みです（日本人のみの場合）。

浜田市の出生数はもっと深刻です。直近の25年間を見ても、２０００年頃に５００人台だった出生数は、２０１０年頃には４５０人前後となり、２０１６年に４００人を下回りました。そして、コロナ禍の２０２０年には３００人を下回り、２０２３年には２４３人となりました。この25年間に、何と半分以下になったことになります。想定を上回る少子化の進展に、大変な危機感を抱いています（図表５－２）。

当市の出生数が、全国と比べて減少幅が大きいのは、若者や子育て世帯が減少しているからだと考えています。そこで、当市では企業誘致や産業振興に加え、現在、「若者対策」と名付けて、若者や子育て世帯が住みたくなるような施策に取り組んでいます。

若者の住宅取得や家のリフォームの支援、農業・水産業に従事する若者や起業する若者を応援するための補助制度などを創設しました。結婚した時には新生活応援金（最大60万円）を支給し、さらに赤ちゃん誕生時の応援金（1子・2子は各5万円、3子以降は30万円）も支給しています。もちろん、子ども医療費の18歳までの助成なども行っています。加えて、なかなか子供を授からない家庭に、全国トップクラスの不妊治療支援も行っています。

こうした施策、若者や子育て世代に大変喜ばれています。おそらく、他の自治体でも、人口減少を食い止め、出生数を増やすために様々な取り組みを行っていると思います。しかし、よく考えてみると、各自治体のこうした取り組みは、実は自治体間で若者や子育て世帯の取り合いをしているのではないか、という気がします。自治体間で若者や子育て世帯の争奪戦をしても、はたしてわが国全体の少子化に歯止めがかかるのか、疑問を感じています。

少子化は国難、国民的議論が今こそ必要

地方自治体を預かる首長としてあえて申し上げれば、少子化対策を、基礎自治体だけで行うには限界があります。少子化対策は、国が主導して取り組んでほしいと思います。

その理由の一つは、財政力によって自治体の対策に格差が生じていることです。少子化は国全体の問題です。財政力のある自治体は、子ども医療費や給食費の無償化などを行っていますが、財政力に余裕のない自治体はできません。自治体ごとの財政力で格差が生じることのないよう、全国一律の制度とすべきです。

もう一つは、現在、多くの自治体が行っている施策は、子どものいる世帯向けの「子育て支援策」だということです。子育て支援策も、少子化対策には一定の効果はあると思います。しかし、多くの識者が指摘しているように、少子化の大きな要因が非婚化、晩婚化にあるとすれば、その対策を行わなければ、少子化に歯止めがかかりません。子育て世帯向けの支援策だけでは足らないと思います。

非婚化というのは「結婚をしない人が増えている」ということです。でも、本当に若者は、結婚をしたくないと考えているのでしょうか。国立社会保障・人口問題研究所の「第16

回出生動向基本調査（結婚と出産に関する全国調査）、２０２１年６月」では、未婚者（18－34歳）のうち、「いずれ結婚するつもり」と回答した者は、男性81・４％、女性84・３％でした。つまり、男女とも、８割以上がいずれ結婚したいと思っているのです。

しかし、現実には結婚しない人は増えています。私は、非婚化、晩婚化の根底には結婚後の生活への不安、つまり「将来不安」があると考えています。将来不安には、仕事と子育てが両立できるかどうかの不安、子どもの養育費や教育費などの経済的な不安など、様々なものが考えられます。その中でも最大の不安は、「子どもの教育費を含む結婚後の生活資金」だと思います。今の収入で結婚しても生活できるだろうか、子供に希望する教育を受けさせることができるだろうか、などの不安です。

少子化の進展は将来のわが国に大きく影響します。少子化が進めば、産業や企業を支える人材が不足し、国内の消費市場が縮小し、国民一人ひとりが担う社会保障費の負担が増加します。将来の日本の形が大きく変わります。少子化の進展は「静かなる有事」だとも言われます。少子化は、わが国にとって「国難」だと考え、国が主導して実効性のある思い切った少子化対策に取り組んでほしいと思います。

結婚をためらう理由に「将来不安」があるとすれば、その解決方法は「安心して結婚してください」というメッセージを発信することです。つまり、子育て安心社会を実現させることです。具体的には、子育て支援のさらなる充実、子ども医療費や学校給食費の無償化、高校（できれば大学まで）の学費無償化などに取り組むことです。また、地域や企業も社会みんなで子育てを応援する機運を盛り上げ、必要な支援体制を整えることです。

子育て安心社会の実現のためには財源が必要です。少子化対策に効果的な施策であればあるほど、多額の財源が必要となります。新たな「目的財源」（少子化対策に特化した財源）の創設を含め、安定財源の確保を考える必要があります。

少子化対策として、何をどこまで行うのか、その財源は誰がどのように負担するのか。少子化問題への対応は、時間が経てば経つほど手遅れとなります。少子化問題は、今、まさに国民的議論をすべき時に来ていると思います。

第 6 章

首長になる前に知っておきたいこと

役所のしくみ

市長なんて、誰がなっても同じ？

首長というのは大変ですが、人生をかけるに値する、やりがいのある仕事だと思います。最後に、首長を目指す人に参考にしていただきたい話をします。

大学教授を辞めて、市長選挙に立候補しようとした時の話です。身近な人から「市長なんて、誰がなっても同じだ。何も、あなたがやらなくてもいいのではないか」と言われました。

私は大学で経営学を教えていました。専門は中小企業経営で、特に「経営者育成」の研究をしていました。大学の講義では「企業が発展するも衰退するも経営者次第である」と話し、企業ではトップがいかに重要かを説いていました。ですから、「市長は誰がなっても同じ」と言われても、にわかには信じられませんでした。でも、よく考えてみると、「そうかも」と思うことがあります。

一つは、誰であろうとも、市長選挙に勝てば市長になり、市長として活動することです。市長になれば、市主催の式典や大会では主催者として挨拶をします。学校の入学式や卒業式、様々な団体の総会などに招かれて、来賓として挨拶をします。市が設置する委員会や市役所内の諸会議は市長の挨拶から始まり、仕事始め式や辞令交付の際には職員に訓示を行います。市民や団体からの陳情を受け、市を代表して国や県に要望を行うのは市長の役目です。確かに、これらの仕事は、誰が市長になろうとも、「市長になった人」が行う活動です。

もう一つは、市民の皆さんの投票動機です。動機が、「政策に期待できそう」とか、「実行力がありそう」なら分かります。でも、特に地方の小規模自治体では、「同じ地区の出身」、「学校（小中高）の先輩後輩」、「一緒に○○の活動をした」、「お父さんお母さんに世話になった」、「子供同士が同じ学校」、「知り合いに頼まれた」などの理由で投票をする人が結構いらっしゃるように思います。

民間企業であれば社長は、通常、先代社長が「自分の後の経営を任せられる人かどうか」を判断して決めます。それができるのは、先代社長が長年にわたりその人の仕事振りを見ており、部下からの評判なども聞いていたからです。しかし、考えてみれば、初出馬の市長候補者については、どんな人なのか市民の多くは分かりません。確かに選挙公報や選挙用リーフレットには政策が書かれていますが、どの候補者も皆、似たような内容です。

経済学に「情報の非対称性」という用語があります。取り引きにおいて、売り手は商品のことをよく知っているものの、買い手はあまり知らない、などの状態を指す言葉です。選挙でも当てはまる気がします。「ぜひ、この人に市政を任せたい」という人がいれば、「投票に行こう」となるのでしょうが、そういう人が「いない」、あるいは「分からない」、さらに言えば「誰がなっても同じ」となると、投票に行かない人が増える気がします。このことが、投票率が年々低下している原因の一つにもなっているようにも思います。

ところで、本当に市長は誰がなっても同じでしょうか？ 市長には、政策を掲げて立候補し、当選したらその実現のための施策に取り組み、時には自ら率先して各方面に働きかけ、行動し、実現させる力が求められます。私は、市長によって政策や施策の実行力に差があるように感じます。そして市長は、「誰がなっても同じ」ではなく、「誰がなるかによって、市政は変わる」と思います。

とはいえ、初当選の市長は期待はされているものの、どのような政策を行うかは未知数です。市長の政策実現力や仕事振りが本当に評価されるのは4年後、再選を目指して、2期目の立候補をした時だと思います。

首長は、地方自治体の運営という駅伝のランナー

ミスタージャイアンツと言われた長嶋茂雄さんが現役を引退する時に、「わが巨人軍は永久に不滅です」という歴史に残る言葉を発しました。この言葉を聞いて巨人ファンは感動し

ました。民間組織であるプロ野球チームが、本当に永久に続くかどうかは分かりませんが、地方自治体は、合併でもしない限り、永久に存続し続けるものと思います。

首長は、「永久に続くであろう地方自治体」の「ある期間の運営責任者」です。駅伝に例えれば、前の首長からたすきを受け取り、責任区間を走って、次の首長にたすきを渡すのが役割です。走る区間は1期（4年間）の人もいれば、3期（12年間）の人もいます。中には5期以上（20年以上）の区間を走る人もいます。走る区間（期間）は、本人の意思もありますが、最終的に決めるのは住民（選挙民）の皆さんです。

この責任区間、どう走ればいいのでしょうか。走り方の一つは、財政健全化を最優先とする「守りの走り」です。議会で「子供医療費を無償化すべき」と質問されようと、住民から「公園を整備してほしい」と要望されようと、財政的に厳しいなどを理由に取り組みを見送ったり、最小限のことだけを行う市政運営です。要望した議員や市民には不満があるかもしれませんが、予算を提出しなければ議会が紛糾することはありません。健全財政を維持しており、メディアから批判される可能性は小さいと思います。

もう一つは、思い切った施策に取り組む「攻めの走り」です。地方自治体は様々な課題を抱えています。課題を解決するためには何をすればよいか施策を考え、財源確保のために国や県に働きかけ、ふるさと納税などの自主財源の確保に努めます。時には、地方自治体の貯金である財政調整基金を取り崩すこともあります。このように、予算を確保し課題解決に必要と考える施策に取り組むのが「攻めの走り」です。

攻めの走りは、議会の反発を招く場合もあります。私の経験から言えば、福祉、子育て、教育に関する事業は、議会で反対されることはほとんどありません。議論となる、あるいは反対意見が出る施策の一つは、文化やスポーツの施設など、ハード整備を伴う事業です。例えば、「ふるさと教育のために郷土資料館を整備したい」と提案すれば、議会から「本当に必要か」、「遊休施設を活用できないか」などの意見が出て予算案に反対されることもあります。メディアに「議会がハコモノに反対」と批判的な記事を書かれることもあります。

攻めの走りには、時には強いアゲインストの風があるかもしれません。しかし、首長は信念を持って必要と思う施策に取り組むべきだと思います。マックス・ヴェーバーは『職業としての政治』(岩波書店、脇圭平訳)の中で、「政治とは、情熱と判断力を駆使しながら堅い板にじわっじわっと穴をくり抜いていく作業である」と述べています。政治家たる首長は、自治体の抱える難しい課題に、信念を持って施策に取り組んでほしいと思います。

市長に取り組んでほしい施策

市長には、在任中に、将来、「あの時、市長がやってくれたから今日がある」と言われるような施策に取り組んでほしいと思います。私の経験をお話しします。

一つ目は石見神楽の日本遺産認定です。島根県西部（石見地方）には伝統芸能の石見神楽があります。石見地方では神社の祭りや地域のイベントなどで演じられ、規模の大きい石見神楽大会もあります。2016年のことです。私が会長をしていた石見観光振興協議会で、首都圏の住民に石見神楽の認知度調査を行ったところ、「知っている」との回答は6％しかありませんでした。

何とか認知度を上げたい。ちょうどその頃、東京オリンピック・パラリンピック開催の2020年までに日本遺産を100件認定するという話を聞きました。石見神楽が日本遺産に認定されれば知名度も上がるはずです。どうすれば認定されるのか、観光部署の職員に研究してもらいました。私自身、所管官庁を訪問し、話を伺いました。いくつかの条件がありましたが、それらをクリアするために、石見地方9市町で共同申請をすることにしました。

ところが、ある市町から「共同申請に不参加」の連絡がありました。「自分たちの神楽は、観光のためではない」が理由でした。私はその市町の神楽団の代表者を訪ね、共同申請してほしいと頼みました。先方の意向を踏まえ、申請書も書き直すことにしました。そうすると、今度は他の市町から異論が出ました。何度か書き直し、2019年1月に9市町共同で申請しました。同年5月、「石見地域で伝承される神楽」として日本遺産に認定されました。

認定されたことにより、その後の石見神楽の振興に弾みがつきました。2022年7月、東京国立劇場で石見神楽東京公演を行いました。コロナ禍の中でしたが、約2000人が御覧になり、大盛況でした。日本を代表する劇場で公演ができたのも、日本遺産に認定されたからでした。2025年6月には、大阪・関西万博の会場(EXPOホール)で、2日間にわたって公演を行う予定です。

二つ目は、島根県立大学に地域政策学部を設置してもらったことです。浜田市にある島根県立大学は、総合政策学部が一つあるだけの大学でした。私は大学教員の経験から、「18歳人口が減る中、総合政策学部だけでは学生募集が難しくなる」と考え、県内の他市町にも呼びかけ、2014年に大学と設置者の島根県に対し地域系学部の新設を要望しました。地域問題を研究する教員が集まれば、自治体の相談に乗ってもらえるという期待もありました。

要望を受け、大学では将来構想委員会を設置し検討していただきましたが、2016年6

月、設置困難との回答がありました。でもあきらめず、翌2017年4月に再度、要望を行いました。改めて大学で検討していただき、県の委員会にも諮っていただきました。その後、設置者である県の了解も得て、新学部の設置が決まりました。

2021年4月、総合政策学部に代わって、地域政策学部と国際関係学部が設置されました。その結果、「将来、地域に貢献したい」とか、「国際関係の仕事に就きたい」など、目的を持った学生が入学するようになり、地域を研究する教員も集まってきました。今後、地域に貢献したいと考える学生が県内の民間企業や地方自治体職員として活躍してくれることを期待しています。

将来につながる事業が重要

現在、私が取り組んでいる、将来につながるであろう事業を紹介します。

一つは、市内の美又温泉に、日帰り入浴施設を整備することです。美又温泉は、昔から美肌の湯と言われ、温泉総選挙で2023年（うる肌部門）、2024年（美肌部門）と2年連続全国一になりました。泉質の良さは学術的に、肌に良いことは医学的に証明されています。

温泉街には温泉旅館が数軒ありますが、ほとんどが家族経営で小規模です。これらの旅館の外湯として、日帰り温泉を整備し、県内外から温泉客に来てもらう計画を進めています。

二つ目は養殖漁業です。浜田市の基幹産業は水産業ですが、漁業資源の減少に加え、後継者問題や漁船員確保の難しさなどから廃業する事業者もあり、水揚げは年々減少しています。将来を見据えれば養殖漁業に進出するしかないと考えています。しかし、海面養殖は冬場の日本海は波が荒く、陸上養殖は事業採算などの課題があります。共に課題はありますが、何とか養殖漁業に進出すべく、現在、民間企業と共に事業化の研究をしています。

三つ目は、石見神楽の拠点施設の整備です。石見地方9市町には約140の神楽団体がありますが、そのうち浜田市には、最も多い50を超える団体があります。神楽衣裳や神楽面、代表演目「おろち」の蛇胴などの製作工房もあり、浜田市は石見神楽の本場です。しかし、観光客が来られても、石見神楽の歴史や衣裳や面などの技術を紹介できる拠点施設がありません。今後、石見神楽を紹介できる拠点施設を整備したいと考えています。

首長は役所の経営者、必要な組織経営力

時々、首長の職員に対するハラスメント行為がメディアで報じられます。職員との関係に

ついての私の考えをお話しします。

私は、首長には二つの顔があると考えています。一つは「選挙で選ばれる政治家としての顔」で、もう一つが「役所という組織の経営者としての顔」です。第2章で述べたように、市役所の職員は、法律上は市長の補助機関です。職務命令服従義務もあり、上司の命令に従わなければなりません。

しかし、職員も生身の人間です。感情もあります。市長が指示・命令をすれば職員が動いてくれるかというと、そうとも限りません。面従腹背という言葉がありますが、ひょっとしたら本心は別かもしれません。

いったん市長に就任すれば、むしろ重要となるのは、組織の経営者としての顔です。市長として、実際に施策を行うためには、職員の働きや協力なしにはできません。民間企業と同じです。民間企業では、社長は従業員の力を結集して事業を行います。地方自治体も同じで、施策の推進は、職員の力を結集して行わなければなりません。しかし、人（職員）を動かすのは簡単ではありません。そこで必要となるのが「組織を経営する力」です。

役所における経営とは、職員を動かして施策に取り組むことです。通常、役所では、首長が指示・命令をするのは部長か課長などの管理職です。しかし、実際に仕事をするのは、係長以下の職員です。係長以下の職員が、首長の掲げる政策の実現に向けて施策を考え、様々な観点から検討し、実現させていくのです。私は職員を動かすには、できるだけ職員を知る必要があると考えています。職員にも、市長のことを知ってほしいと思います。

特に、初当選の市長であれば最初の「入り」が大切です。ちょっと考えてみてください。職員にとって初当選の市長は、よく知らない人が突然、職場の上司、それも人事権のあるトップになるということです（職員から市長になった場合は別ですが）。どんな人柄だろうか、気が短く怒りやすくはないか、どんな考え方なのだろうか……市役所内は就任した新市長のウワサでもちきりです。

私は、大学では中小企業経営を研究していました。その時の経験から、浜田市のような小規模自治体の首長は「中小企業のオヤジ」のつもりで経営すべきと思っています。まずは職員を知らなければならないと考え、市長に就任してすぐに始めたのが「カレーライスミーティング」です。昼食時に毎回5、6人の職員とカレーライスを食べながら話をする。週に3回程度の開催でしたが、全職員約700人（当時）と食べるのに1年以上かかりました。その後も現在まで、毎年の新規採用者とカレーライスを食べています。

首長の掲げた政策の実現に向けて、施策を考え、実施上の課題を整理し、予算確保などに取り組むのは職員です。職員の頑張りがあって初めて施策が実現します。人を動かす魔法の言葉は、「ご苦労さん。ありがとう」です。私は職員が仕事をやり終わった時には、極力、「ご苦労さん」と声をかけるようにしています。仕事納めの12月28日には、庁舎内の全職場を歩いて回り、「今年もご苦労さん。来年もよろしく」の声をかけています。

選挙で選ばれなければ、首長にはなれません。しかし、首長になったあと、自分の思い描いた市政を行えるかどうかは、首長の組織経営力にかかっていると思います。

首長の一番の仕事は「決断」すること

首長と相談することを、浜田市では市長協議と呼んでいます。相談に来るのは、たいてい部長や課長です。内容によっては、係長以下の職員と一緒に来ることもあります（私は職員教育の観点からは、むしろそのほうがいいと考えています）。市長協議は、通常、一日3、4件、多い時には一日に10件以上もあります。その都度、判断し、指示をしなければなりません。

内容は様々です。即断できるものもあれば、もっと判断材料をそろえるよう指示することもあります。中には、少し考える時間が欲しい、という場合もあります。

市主催の式典や行事の日程をいつにするか、式典の来賓にどなたをお呼びするか、市主催の会議や検討委員会のメンバーの人選、市を挙げての防災訓練の実施要領（規模、実施場所、進め方）などは比較的すぐに判断できる相談です。

判断に悩む相談もあります。国民健康保険の給付費が増加している中、次年度の保険料をいくらにするか。水道会計が悪化しているが水道料金を引き上げるべきか、一般会計から補塡すべきか。所有者がいない壊れかけた空き家がある、子供たちの通学路にあり危険、市で撤去してほしいとの要望にどう対応するか。水産事業者から新船建造費の助成要望が出ているが、他事業者との公平性の観点からどう考えるか、支援するとしたら、いくらの支援を行うか、などです。

こうした相談の場合、私は担当者に「あなたなら、どうすべきと思う？」と聞くことにしています。それが納得できる内容であれば、あるいは私の意見と同じであれば、「了解です。それで進めてください」と伝えます。聞かれることによって、職員も自分で考えなければなりません。これも、職員教育の一環です。

最後は決断し、結果の責任を取る

難しい判断もあります。例えば、新型コロナ感染症がまん延している中での判断です。コロナ禍の2022年1月3日に、「二十歳の集い（旧成人式）」を予定していました。約480人の該当者に案内を出し、参加予定者には事前にPCR検査キットを送り、陰性を確認した上で、熱が37・5度未満であることを条件に参加してもらうことにしました。しかし、開催日の数日前から感染者が急増し、クラスターが発生しました。式典は行えたとしても、式典後の飲み会で感染が拡大する心配があります。結局、開催前日に中止を決めました。参加予定者や美容室、貸衣裳店にお詫びし、キャンセル費用を市で負担しました。

もう一つは、2022年7月に行った石見神楽の東京国立劇場公演です。当初は、2020年に予定していましたがコロナ禍で中止となり、再チャレンジして、ようやく会場が取れたのがこの日でした。各神楽団体から集められた約70人は感染に気をつけながら公演に向けて練習をしていました。しかし、開催日が近づくにつれてコロナがまん延しました。団員から感染者が発生すれば、予定通りの公演は行えません。貸し切りバスで浜田市を出発する前日に、実施の決断をしました。

この他にも、首長はしばしば難しい判断を迫られます。首長の判断は、市としての最終的な意思決定であり、その判断は、結果的に正しいものでなければなりません。正しい判断をするためには、知識（法律、経済、世の中のしくみなど）、経験（成功や失敗）、コモンセンス（常識）も必要です。時には人生観によることもあるかもしれません。そして、最後は「決断し、結果についての責任を取る」のが首長の仕事です。

首長が勉強すべき三つのこと

1980年代の日本経済新聞に、「諸君。学校出たら、勉強しよう。」という広告が載っていました。かなり強烈なコピーで、今でも鮮烈に覚えています。この広告を見て私は、学生時代の不勉強を悔いるとともに、「社会人として、恥ずかしくないようしっかり勉強しなければ」と自分を戒めたものでした。毎年4月、市役所の新規採用者に市長講話を行っていますが、役所勤めの心得の一つとして「本を読むこと、勉強すること」という話をしています。

首長になっても、勉強は必要です。勉強で知識を得ることは、正しい判断をするためにも必要ですし、施策のヒントを得ることもできます。首長として市民の前で話をする機会も多くあります。どんな話をするか、市民の皆さんは耳を傾けています。話す内容から教養も窺い知れます。首長になる前にもしっかり勉強しておくべきですが、首長になったらなおさら、勉強の時間を確保すべきだと思います。

「賢者は歴史に学び、愚者は経験に学ぶ」という言葉があります。19世紀のドイツの政治家のビスマルクの言葉と言われています。人は、何かを判断する時、自分が経験した過去の成功や失敗を参考にする傾向があります。しかし、個人の経験には限界があります。それに成功の体験も、たまたま別の要素が加わって成功したものかもしれません。同じ方法で行っても、次に成功するかどうか分かりません。個人の経験の限界をカバーするのが歴史を学ぶことであり、「先人たちの経験」を知ることです。

常に勉強が必要だ、ということは、わが国の先人の言葉にもあります。江戸時代の儒学者佐藤一斎は『言志四録』の中で、「少にして学べば、即ち壮にして為すことあり。壮にして学べば、即ち老いて衰えず。老いて学べば、即ち死して朽ちず」と言っています。一言で表せば、「何歳になっても勉強し続けなさい」ということだと思います。

どんな勉強をすればよいか。私は、首長には特に次の三つを勉強してほしいと思います。

一つは、郷土の歴史・文化・人物に関することです。どの地域にも、歴史があります。いつ頃から、どのようにしてまちが形成されたのか。どのような文化が育ち、産業が発展したのか。歴史上の人物にはどのような人がいて、どのような活躍をしたのか。過去に災害が発生したなら、いつ、どのような災害が発生したのか。これらは首長として当然知っておくべき知識です。

私は、浜田市で過ごしたのは高校生まで、その後は約40年間、東京で暮らしていました。浜田市の歴史については、子供の頃、親から聞いた程度でした。市長選挙の出馬を考えた頃、山川出版社の「県史」シリーズの『島根県の歴史』を購入し、浜田市を含む島根県の歴史を勉強しました。市長就任後は、浜田市に関する様々な本を読みました。２０１９年に全市事業として「浜田開府４００年祭」を行いましたが、この事業を思いついたのも、浜田藩が１６１９年に設置されたことを知ったからです。

二つ目は、人生論や組織経営に関することです。前にも述べましたが、首長は「役所という組織の経営者」です。政策や施策の取り組みには、職員の力を借りなければなりません。しかし、人を動かすのは簡単ではありません。先人たちも悩み、試行錯誤し、多くの教訓もあります。「人はどうすれば動くか」、「リーダーとしての心得」などの人生論や経営書が多く出版されています。『致知』（致知出版社）などの人間学の専門雑誌もあります。こうした本を読んで、人間力や経営力を磨いてほしいと思います。

三つ目は、「新しい知識や施策のヒントに関すること」です。首長自身も本や新聞、雑誌を読み、ＤＸなどの新しい知識を得たり、施策のヒントを得るなどの努力をすべきだと思います。他自治体の事例を知るのも有効です。お勧めは、『日経グローカル』（日本経済新聞社）です。月２回発行ですが毎回特集が組まれ、各自治体の取り組みが紹介されています。テレビでは、『ガイアの夜明け』（テレビ東京系）や『がっちりマンデー!!』（ＴＢＳ系）は、地方や企業の新しい動きや世の中のトレンドを知ることができ、参考になります。

言葉磨きに努める

「政治家は言葉が命」だと言われます。地方自治体の首長も政治家であり、同じです。テレビのニュースで大臣などが話すのを聞いていると、「永田町では通用するかもしれないが、地方議会や地方の住民にはどうかな」と思える言葉があります。

例えば、「極めて遺憾であります」です。不祥事などが起こった時に、よく使われます。広辞苑によると、「遺憾」は「思い通りにいかず心残りなこと。残念。気の毒」とあります。謝罪の意味ではありません。「お詫びしなければならない」も、よく聞きます。この言葉、傍観者的に聞こえます。「丁寧な説明」も気になります。時間をかけるという意味かもしれませんが、本来、説明で大切なことは、相手が納得できるかどうかだと思います。

地方自治体においては、首長は市政の最終責任者です。事務ミスや不祥事が発生した場合、最終的に責任を取るのは首長です。議会や市民に対して、「お詫び申し上げます」と謝ります。また、議論があるような施策であれば、「こういう考え方で、この施策に取り組みたい。皆さんが心配される点は、このように対応したい」などと、議会や市民に対して納得してもらえるように説明するのも首長の仕事です。

首長が話す相手は、若者からお年寄りまでの幅広い層の住民です。議会の答弁も、聞いているのは議員だけではありません。議会中継のテレビの向こうには住民の皆さんがいます。首長は、できるだけ分かりやすく話すよう努めるべきです。私は、職員に対して、議会答弁や市民向けの文章には、専門用語やカタカナ語は、極力使わないで平易な言葉に言い換えるように指示しています。この「言い換え」、結構、大変ですが、必要なことだと思います。

首長は、様々な会合に呼ばれます。参加すると、必ず、「一言、ご挨拶を」と言われます。多くの場合、挨拶原稿が用意されていますが、原稿はどうしても堅苦しいものになりがちです。私は、極力、時々の話題などを入れながら、自分の言葉で話すようにしています。首長がどんな話をするのか、参加者は聞いています。何を話すかによっては、教養や人柄も分かります。首長は、常々、本や新聞を読み、「言葉磨き」をしておくべきだと思います。

場面によっては、「方言で話す」こともいいと思います。私は地元の高校を卒業後、東京に行き、40年振りにUターンをして市長に就任しました。就任してしばらくした頃、ある市民の方から、「市長さん、浜田弁をしゃべんさるんだね」と言われました。方言で話せば、親しみを感じていただけます。アルコールが入るような「くだけた会合」では、時にはあえて話の中に方言を入れるのもいいと思います。

年中無休の仕事に備える体力

ここで、市長の日常生活についてお話しします。私の場合、起床は朝6時半頃です。日課のラジオ体操をして、7時頃からテレビでニュースを見ながら朝食をとります。メニューは、果物を基本に、アマニ油入りヨーグルト、黒酢の水割り、青汁、甘酒入り豆乳など、健康にいいと勧められたものを増やしていったら、こんな朝食になりました。その後、コーヒーを飲みながら、新聞3紙（地元紙、全国紙、経済紙）に目を通します。

市役所には通常8時45分頃、登庁します。市長には勤務時間の決まりはありません。労働基準法の対象外です。出退勤は自由で、休もうと思えばいつでも休めます。でも実際には、遅くとも9時前には登庁しています。登庁すれば、秘書にその日のスケジュールを確認します。通常、朝の9時頃から、30分あるいは1時間おきに会議、市長協議、面談などがあります。会議は、市役所外の場所で開催されるものもあります。

夕方18時頃、市役所での業務は終わりますが、その後、しばしば夜の会合があります。地域協議会やまちづくり推進委員会など地域住民との会合は、会社勤めの方に配慮し、通常19時頃から始まります。行政関係者、経済団体などの各種団体との意見交換会もあります。地産品の販路開拓担当部署の依頼で県外のバイヤーさんとの会食もあります。この他にも、公務ではありませんが、後援会や支援者の皆さんとの会合もあります。

土日祝日にも公務があります。行事、イベント、大会などは、ほとんどが土日祝日に開催されます。市主催の式典や大会などへの参加は当然ですが、地域や団体などから招待される行事やイベントもあります。招待されれば極力参加しており、ほぼ年中無休です。加えて、大雨、台風、地震、津波などの災害対応では、時には徹夜をすることもあります。正直言って、市長職がこんなに忙しいとは、市長になるまで知りませんでした。

外部組織の「当て職」の会合もあります。私は今、当て職として100を超える団体の会長、副会長、役員、理事を務めています。市内の団体だけでなく、島根県、中国5県、全国の団体の役職です。それぞれの団体の大会、会議等にも出席しなければなりません。県の団体の場合、通常県庁のある松江市で開催され、移動だけで往復5時間かかります。全国の団体の場合、東京や開催地まで出かけなければなりません。ほとんどが泊まりがけです。

余談ですが、地元紙には「市長の一日」という欄があります。前日の市長の行動が掲載されています。どんな会議に出席したか、来訪者の誰と会ったか、出張で東京に行き、どこを訪問したか、などです。市民の皆さんは、市長の行動に関心を持っておられるようで、最も多く見られている欄の一つだそうです。ご覧になった市民から「昨日は、〇〇に出張でしたね」とか、「忙しいですね。体に気をつけてください」と声をかけられます。

市長には、気力に加え体力が必要です。浜田市では、全市をあげて「はまだ健康チャレンジ」という運動をしています。「一日8000歩」を目標とする歩け歩け運動です。私も常に万歩計を携帯し毎日の歩数を記録しています。毎朝の登庁時は、役所の入り口のある地下1階から、市長室のある3階まで歩いて階段を登っています。市役所内の垂直移動は、原則、エレベーターは使いません。また、週に1回はスポーツジムで汗を流しています。

首長は、健康でなければ務まりません。体力づくりや健康管理も大切な仕事です。

家族の理解はあるか、応援してくれる人はいるか

首長を目指すには、まずは家族、特に結婚されている方は配偶者の理解が必要です。

首長選挙に立候補する本人は、「首長になって○○をしたい」などの夢を持っていますが、家族は心配です。落選したら、周囲への気まずさに加え、経済的な問題もあります。当選したら当選したで生活が一変します。周囲は「首長の家族」という目で見ます。それまでの気楽な生活が、周囲に気を使う生活に変わります。知り合いの市長から聞いた話ですが、市長選に初めて立候補した時、奥さんから「あなたのロマンは、私のフマンだ」と言われたそうです。立候補するには、まずは家族、特に配偶者の理解が必要だと思います。

私が初めて市長選挙に立候補した時、メディアから「調査票」の提出を求められました。学歴や職歴などに加えて、「親族に政治家経験者がいるか」を問う質問もありました。「なぜ、聞くのだろう、いわゆる政治家二世かどうかを知りたいのかな?」と思いました。確かにそうした意味もあったかもしれません。しかし、考えてみれば、親族に政治家経験者がいれば、そうでない人に比べて家族の理解は得やすいようにも思います。

首長選挙に立候補しても当選するのは簡単ではありません。立候補者が2人いれば、当選

するためには、投票者の半分以上の支持が必要です。仮に人口５万人で有権者４万人、投票率60％の場合、４万人×０・６＝２・４万人の半分１・２万人以上の人に支持されなければなりません。支持を得るためには、応援してくれる人や組織が必要です。中学校や高校の同級生の応援はあるか？　ボランティア活動などの仲間は応援してくれそうか？　経済団体や福祉団体の応援はどうか？　などを考える必要があります。

２０２４年に行われた東京都知事選挙以降、ＳＮＳ（交流サイト）を駆使した選挙活動が注目されています。選挙におけるＳＮＳ情報は、その真偽や根拠が不明といった指摘もありますが、今後、特に首長選挙では活用が広がっていくと思います。選挙で当選するには、ＳＮＳの活用は不可欠かもしれません。しかし、ＳＮＳは選挙活動の手段の一つにすぎません。選挙民が求めているのは、候補者の政策であり施策です。そして、それを実現させる実行力であることを忘れないでください。

首長の任期、最終的に決めるのは

ここで、首長の就任年齢と在任期間について、私の考えをお話しします。最初に首長の在任期間です。本章のはじめに、首長は地方自治体の運営という駅伝のランナーだという話をしました。駅伝のランナーであるからには、いつかは次の人にたすきを渡す時が来ます。首長として走る責任区間、つまり「在任期間」はどれくらいがいいのでしょうか。

民間企業の場合、創業社長かオーナー企業でもなければ、通常4〜6年で社長を交代します（創業社長やオーナー企業では、在任30年以上も珍しくありません）。しかし、地方自治体で首長が掲げた公約を実現させようと思えば、1期4年では難しいと思います。在職中に、新たな行政課題が発生することも、新しい施策を思いつくこともあります。首長としてそれなりの実績を上げるには、少なくとも2期8年、できれば3期12年は必要だと思います。

政策実現に向けての大まかなロードマップを言いますと、1期目は職員や関係機関とのすり合わせと施策の種まきの期間です。2期目に、各種施策の取り組みを行います。特にハード事業の整備、例えば、文化施設の整備などは1期目では打ち出しにくいと思います。3期目は、施策の仕上げの時です。しかし、これはあくまでも首長の描くシナリオ。選挙民の支持が得られなければ、途中でリタイア（退任）せざるを得ません。

それ以上、つまり4期目、5期目も首長を続けるかどうかは、やりかけの仕事、気力体力、健康状態、年齢などによると思います。神奈川県では2007年に「知事任期は3期まで」という多選禁止条例が制定され話題になりました（施行日条例が制定されておらず、これまで施行されていないそうです）。他にもいくつかの市町で連続3期超は自粛の条例を制定しているところがありますが、あくまでも「自粛」であり、拘束力はありません。

私は、首長任期はあらかじめ決めるべきではないと思います。仮に4期目、5期目であろうと、これまで首長としてしっかりした自治体運営を行い、それなりの実績もあり、本人にも続投する意欲があるのであれば続ければいいと思います。ただし、言うまでもありませんが、その判断をするのは選挙民の皆さんです。

首長就任の理想年齢は40歳から50歳代半ば

次に、首長に就任する年齢です。「首長の二つの顔」で話しましたが、いったん首長になれば、組織の経営者として活動することになります。組織を動かすには、組織経営の経験があったほうがいいと思います。首長は難しい決断もしなければなりません。決断をするには、知識、経験、胆力などが必要で、一般的には、これらは年齢を重ね、経験を積むことによって身につきます。こう考えると、30歳代前半では少し早いかな、という気がします。

最近は30歳前後の若い市長も誕生しています。若い首長でも規模の大きな自治体であれば、部局長クラスがしっかり支えてくれるかもしれません。しかし、小規模自治体はそうはいきません。前に首長は「中小企業のオヤジ」と述べましたが、小規模自治体では首長が率先して組織を動かさなくてはなりません。できれば、組織人としてある程度、経験を積んだあとのほうがいいように思います。それに、若くして首長に就任し、もし40歳代、50歳代で引退するとなると、その後の人生が気になります（余計なお世話かもしれませんが）。

では、60歳代ではどうでしょうか。新聞の地方政治欄を見ると、60歳代で初めて首長に立候補する人もいます（実は、私もその一人でした）。60歳代ともなると様々な社会経験を積み、安定感のある組織運営が期待できます。でも、立候補の動機が「何かを成し遂げたい」というのであれば、最低2期8年は必要です。60歳過ぎに首長に就任すれば、2期8年務めれば70歳前後、3期12年なら70歳代中頃になります。しかし、現在は長寿社会です。気力体力に自信があるのであれば、60歳代からの首長挑戦もありだと思います。

とはいえ、首長に就任する理想的な年齢は、「40歳から50歳代半ば頃」だと思います。この年齢だとある程度社会人としての経験も積んでおり、組織経営力も期待できます。また、仮に50歳代前半で首長に就任したなら、3期12年務めたとしても60歳代中頃です。まだまだ働き盛りであり、気力体力も十分だと思います。

なりたい人より、なってほしい人

最後に、どのような人に首長になってほしいかについてお話しします。

首長は、そのまちの一番の名士です。権限もあります。本音では「首長になりたい」と思っている人も、結構いらっしゃると思います。でも、「なりたい人」が、首長として適任かどうかは別です。これまで述べましたが、誰が首長になるかによって市政は変わります。「なりたい人より、なってほしい人」という言葉があります。首長には、「なってほしい人」になってもらうのが理想だと思います。

首長になってほしい人とは、どういう人でしょうか。私が考える一つ目は、自治体の将来を考え、長期的視点に立って市政に取り組んでくれる人です。

地方自治体は様々な課題を抱えています。議会や住民からの要望もあります。どんな政策や施策に取り組むか、優先順位をつけ、判断するのは首長です。判断にあたっては、自治体の現状を正しく認識し、将来の目指すべき姿を描き、長期的視点に立って考え、判断すべきだと思います。その際、気をつけてもらいたいのは、「住民の声」に対する対応です。例えば、住民の声には、「産業や観光の振興より、福祉や子育ての充実を」などの声があります。

オリックスの元社長の宮内義彦氏は、「民意に沿って政治を行うのが民主主義国家の基本。とはいえ、国民の求めている政治をそのまま実行するのは単なるポピュリズム（大衆迎合主義）だ」（『日経ビジネス2022・9・12』）とおっしゃっています。地方政治にも当てはまると思います。住民の声を聞くことはもちろん大切です。必要と判断すれば、対応すべきです。しかし、首長は将来を見据えて判断し、時には住民を説得する勇気も必要だと思います。

二つ目は、熱意と情熱を持って市政に取り組んでくれる人です。

自治体が抱える課題への対応は、簡単ではありません。例えば、少子化対策にしろ、企業誘致にしろ、こうすれば成功するといった決定打はありません。時間をかけ、粘り強く取り組まなければなりません。本章の前半に、マックス・ヴェーバーの「政治とは、情熱と判断力を駆使しながら堅い板にじわっじわっと穴をくり抜いていく作業である」という言葉を紹介しました。首長は、難しい課題に、熱意と情熱を持って取り組んでほしいと思います。

三つ目は、「自らを律することのできる人」です。

首長には、強い権限があります。権限があるということは、逆に言い寄って来る人たちもいます。首長は、自分を律する人になってほしいと思います。私が市長選挙に立候補を考えていた頃、経済誌に京セラの稲盛和夫さんが、南洲翁（西郷隆盛）の言葉を紹介されていました。それは、「命もいらず、名もいらず、官位も金もいらぬ人は、仕末に困るものなり。この仕末に困る人ならでは、艱難《かんなん》を共にして国家の大業は成し得られぬなり」という言葉です（西郷隆盛『新版南洲翁遺訓』）。首長も同じだと思います。私は今も、「仕末に困る人」になろうと心がけています。

首長は、周囲から見られています。経営学の泰斗、清水龍瑩元慶応大学名誉教授は「組織が大きくなるほど、社会的地位が上がるほど大事になる能力が品性。品性は何をするかではなく、何をしないかで測られる」と言っておられます。これも私が戒めにしている言葉です。フーテンの寅さんのセリフに「それを言っちゃあ、おしまいよ」がありますが、「それをやっちゃあ、おしまいよ」とならないようにしてください。

地域の発展のために熱意をもって働ける人に

最後に、首長を目指す人にエールを送りたいと思います。首長という職業、やりがいのある仕事です。大変ですが人生をかけるに値する仕事だと思います。

これまで、地方自治体の首長の多くは、県議会議員、市議会議員、自治体職員の中から選ばれてきました。ですが、中央で活躍していた人、様々な業種や分野で活躍した人の中から候補者が出てきてもいいと思います。地方は今、新しい風を吹かせる人、行動力のあるリーダーを求めています。

首長は、選ばれなければその職に就けませんが、いったん首長になれば組織を経営する力が求められます。経営の神様と言われた松下幸之助氏は、常々、「経営をするときに何が一番大事かと言えば、熱意やね。熱意があれば知恵が生まれてくる」、と話されていたそうです（江口克彦著『成功の法則　松下幸之助はなぜ成功したのか』）。首長が行う自治体経営にも通じる言葉だと思います。

首長という仕事、大半の人にとっては未知の世界です。でも、地域の発展のために貢献したいという強い思いと、組織経営への「熱意」があれば、きっと住民の皆さんの期待に応えられるものと思います。これまでの人生で培った知識、経験、人脈を活かして、われこそは、と首長を目指す人が出てくることを期待しています。

参考文献

・荒木田岳（2020年）『村の日本近代史』筑摩書房
・板垣勝彦（2024年）『自治体職員のためのようこそ地方自治法』第一法規
・今井照（2017年）『地方自治講義』筑摩書房
・今井照（2023年）『図解よくわかる地方自治のしくみ』学陽書房
・江口克彦（2000年）『成功の法則　松下幸之助はなぜ成功したのか』PHP研究所
・北村亘、青木栄一、平野淳一（2024年）『地方自治論〔新版〕』有斐閣
・国立社会保障・人口問題研究所（2023年）「第16回出生動向基本調査（結婚と出産に関する全国調査）」国立社会保障・人口問題研究所
・こども家庭庁（2024）『令和6年版こども白書』こども家庭庁
・西郷隆盛（2017年）『新版南洲翁遺訓（猪飼隆明訳・解説）』KADOKAWA
・齊藤忠光（2020年）『地図とデータでみる都道府県と市町村の成り立ち』平凡社
・佐藤一斎（2005年）『［現代語抄訳］言志四録（岬龍一郎編訳）』PHP研究所

・清水龍瑩（1999年）『社長のための経営学』千倉書房
・全国過疎地域連盟（2023年）「『過疎』のお話し」全国過疎地域連盟HP
・全国市議会議長会（2023年）『地方議会議員ハンドブック』ぎょうせい
・全国市議会議長会（2023年）「市議会の活動に関する実態調査結果」全国市議会議長会
・全国市議会議長会（2024年）「市議会議員報酬に関する調査結果」全国市議会議長会
・全国市議会議長会（2024年）「市議会議員定数に関する調査結果」全国市議会議長会
・全国市長会（2018年）『全国市長会120年のあゆみ』全国市長会
・全国市長会（2024年）『全国市長会の概要　令和6年度』全国市長会
・全国市長会（2024年）『市長MEMO 2024』全国市長会
・全国町村会（2008年）「平成の合併をめぐる実態と評価」全国町村会
・全国町村議会議長会（2024年）「町村議会実態調査結果の概要」全国町村議会議長会
・総務省（2010年）報道資料「平成の合併について」総務省
・総務省（2023年）「地方公務員給与の実態　令和5年」総務省
・総務省（2024年）『令和6年版地方財政白書』総務省
・曽我謙悟（2019年）『日本の地方政府』中央公論新社

・立岡健二郎（2023年）「過疎法の意義を問い直す」『JRIレビュー2023 Vol.5』日本総研
・田中駿行（2021年）「過疎地域の持続的発展に向けた新たな立法措置─新過疎法の成立過程と国会論議─」『立法と調査　2021年6月』参議院事務局企画調整室
・辻陽（2019年）『日本の地方議会』中央公論新社
・中村正毅・佐々木亮祐（2024年）「ふるさと納税のカラクリ 過熱する1兆円市場」『週刊東洋経済 2024・8・24』東洋経済新報社
・松村亨（2022年）『基礎から学ぶ 入門 地方自治法』ぎょうせい
・山崎史郎（2021年）『人口戦略法案』日本経済新聞出版
・夕張商工会議所（2015年）「財政破綻と再生」夕張商工会議所HP
・マックス・ヴェーバー、脇圭平訳（1980年）『職業としての政治』岩波書店
・NHKスペシャル取材班（2020年）『地方議員は必要か3万2千人の大アンケート』文藝春秋

久保田章市　くぼた・しょういち

浜田市長（3期目）。島根県立大学客員教授。地域活性学会副会長。1951年、島根県浜田市生まれ。東京大学卒業。法政大学大学院修士課程修了。横浜国立大学大学院博士課程単位取得満期退学。三和銀行・UFJ銀行（現三菱UFJ銀行）に30年間勤務し、支店長・部室長等を歴任。三菱UFJリサーチ&コンサルティング執行役員を経て、法政大学経営大学院教授。専門は中小企業経営、後継経営者育成、地域経営など。主な著書に『百年企業、生き残るヒント』『小さな会社の経営革新、7つの成功法則』『二代目が潰す会社、伸ばす会社』などがある。

日経プレミアシリーズ　528

役所《やくしょ》のしくみ

二〇二五年五月　八　日　一刷
二〇二五年七月一五日　四刷

著者　久保田章市
発行者　中川ヒロミ
発行　株式会社日経BP
日本経済新聞出版
発売　株式会社日経BPマーケティング
〒一〇五―八三〇八
東京都港区虎ノ門四―三―一二

装幀　野網雄太
組版　マーリンクレイン
印刷・製本　中央精版印刷株式会社

ISBN 978-4-296-12020-8　Printed in Japan

日経プレミアシリーズ 526

2030年の不動産

長嶋 修

異次元の不動産格差時代がやってくる。人口減少や気候変動、金利上昇、外国人の増加などマクロな変化は市場をどう変えるのか？「進行する不動産の『三極化』の様相とは」「下がりにくい中古マンションの選び方は」「資産価値を維持できる戸建、できない戸建の違いは」「住宅コストはどう変わるか」など、不動産コンサルタントが近未来を予見する。

日経プレミアシリーズ 524

「ガラパゴス・日本」の歪んだ円相場

藤井彰夫

なぜ日本は円安になっても、円高になっても大騒ぎするのか。為替レートに一喜一憂するのも、日銀や通貨マフィアに過剰な期待や責任が押し付けられるのも今や日本だけ。1987年のブラックマンデーから現場で取材してきたベテラン記者が、日本経済のいびつな構造を明らかにする。

日経プレミアシリーズ 525

トランプ2・0 世界の先を知る100の問い

吉野直也 編著

トランプ氏の2回目の米大統領就任で、各国は再び身構える。日本は、世界はどうなる？　日経記者が、識者10人に全部で100の問いをぶつけた1冊。外交・安保、エネルギー・気候変動、金融・マーケット、中国・ウクライナなどの専門家が登場。谷内正太郎、折木良一、ケント・E・カルダー、グレン・S・フクシマ氏などが、熱く、近未来を占う。

日経プレミアシリーズ 522

2030年の戦争

小泉 悠　山口 亮

中国の軍備増強、北朝鮮の核開発、ロシアのウクライナ侵略――。日本をめぐる安全保障環境は風雲急を告げる。現代の戦争とはどのようなものか？　2030年代、日本が戦争に巻き込まれるとしたら、どんな事態か？　実際ミサイルが飛んできたら、どうする？　ともに1982年生まれの気鋭の軍事研究者がディープに語り合う。

日経プレミアシリーズ 518

昭和人間のトリセツ

石原壮一郎

なぜ大昔のことをついこの間のように語るのか？　他人の結婚や出産・育児に的外れなアドバイスをしてくるのはなぜか？　若者をイラつかせる「おじさん構文」「おばさん構文」に始まり、仕事観、ジェンダー意識など多様な切り口から「昭和生まれの人間」の生態に肉薄し、その恥部をも詳らかにする日本で初めての書。

日経プレミアシリーズ 519

株式投資2025
波乱必至のマーケットを緊急点検

前田昌孝

新NISAで投資を始めたばかりの人たちが経験した日経平均4万円超えと過去最大下げ幅というアップダウン。政治も経済も、日本も世界も、一大転換期に。期待と不安が交錯する2025年の投資トピックを取材歴40年のベテラン証券記者が、独自の取材とデータ分析をもとに解説。株価を上げる政権と下げる政権の特徴など、2025年の投資戦略を考える必読書。

日経プレミアシリーズ516

日本のなかの中国

中島 恵

日本で中国人のみが属するコミュニティや経済圏が続々形成されている。母国の規範や行動原理を持ち込み、階層化の兆候も観察される。彼らは何を考え、日本にどのような影響を与えているのか。80万人を超える巨大な在日中国人社会の実態を明かす、迫真のルポルタージュ。

日経プレミアシリーズ517

それでも昭和なニッポン
100年の呪縛が衰退を加速する

大橋牧人

30年にわたる日本の停滞の原因は、今も残る昭和型の社会構造にある――社会部記者として昭和・平成を取材した元日経新聞編集委員が、自民党の派閥裏金事件、大手自動車メーカーなどで相次ぐ品質認証不正行為、旧ジャニーズ事務所や宝塚歌劇団で明るみに出たエンタメ業界の〝闇〟など時事ニュースを取り上げながら、100年にわたる昭和の呪縛について指摘し、起死回生の転換の糸口を考える。

日経プレミアシリーズ515

弱い円の正体
仮面の黒字国・日本

唐鎌大輔

経常収支黒字国や対外純資産国というステータスは一見して円の強さを担保する「仮面」のようなもので、「正体」としてはCFが流出していたり、黒字にもかかわらず外貨のまま戻ってこなくなったりしている実情がある。統計上の数字を見るだけでは見えてこない「弱い円の正体」に迫った一冊である。